U0274209

新时代
营销
新理念

拓 客

实体店引流99招

黄特 —— 著

**99 TIPS
TO ATTRACT CUSTOMERS**

清華大学出版社
北京

内 容 简 介

针对当下实体店面临的客流不足、收入下降的困境，本书通过 8 章内容，分享了 99 条引客流招数，每一招都以"理念＋思路＋案例＋实操技巧"相结合的形式呈现出来。其中，既有传统的线下引流手段，也有各种新兴的线上引流技巧；既有能解决实体店短期客流荒的引流手段，也有能让实体门店提升经营服务水准的引流策略。

本书内容拿来即可使用，实操性强，能起到立竿见影的引流效果。

本书是各类线下实体门店的店主、经营管理人员、营销策划人员的案头必备拓客工具。

本书封面贴有清华大学出版社防伪标签，无标签者不得销售。

版权所有，侵权必究。 举报：010-62782989，beiqinquan@tup.tsinghua.edu.cn。

图书在版编目(CIP)数据

拓客：实体店引流 99 招 / 黄特著 . —北京：清华大学出版社，2021.7
（新时代·营销新理念）
ISBN 978-7-302-57452-1

Ⅰ.①拓… Ⅱ.①黄… Ⅲ.①商店－商业经营 Ⅳ.① F717

中国版本图书馆 CIP 数据核字 (2021) 第 022621 号

责任编辑：刘 洋
封面设计：徐 超
版式设计：方加青
责任校对：宋玉莲
责任印制：丛怀宇

出版发行：清华大学出版社
　　　　网　　　址：http://www.tup.com.cn，http://www.wqbook.com
　　　　地　　　址：北京清华大学学研大厦 A 座　　　　邮　　编：100084
　　　　社 总 机：010-62770175　　　　邮　　购：010-62786544
　　　　投稿与读者服务：010-62776969，c-service@tup.tsinghua.edu.cn
　　　　质 量 反 馈：010-62772015，zhiliang@tup.tsinghua.edu.cn
印 装 者：三河市国英印务有限公司
经　　销：全国新华书店
开　　本：170mm×240mm　　印　　张：15.75　　字　　数：255 千字
版　　次：2021 年 7 月第 1 版　　印　　次：2021 年 7 月第 1 次印刷
定　　价：69.00 元

产品编号：089717-01

前　言

互联网时代，流量决定一切，所有生意的本质都是流量。

流量曾经是互联网和电商的专属名词，尤其对于电商而言，流量、流量成本、转化率、复购率是其运营的核心指标。事实上，流量对于实体店来说也同等重要，甚至可以说更为重要。

流量从来都是线下实体店的命脉，构成实体店经营业绩的几大要素如下：

业绩 = 进店人数 × 成交率 × 消费者平均消费金额（客单价 + 连带购买）

其中，进店人数就是通常所说的"客流量"。如果客流量为零，那就意味着实体商家其他的一切努力——专业、服务、商品、后台管理等都将枉费。

以往，线下实体店不愁客流，商家和顾客处于一种平衡状态，消费者要购物只能前往各种门店，所以有店就有客。如今进入互联网时代，各类线上电商的横空杀出，打破了线下实体店与顾客之间的平衡，彻底改变了线下的商业环境。对实体店而言，其最大的突变在于：移动互联网的普及，改变了消费者的购物习惯和消费者的行动轨迹，改变了流量的去向。

原本只属于线下的客流被电商严重分流，线下顾客变少，线下实体店出现客流荒，生意陷入困局。

2020 年，突如其来的新冠疫情更是让实体店的生意雪上加霜，线下客流量日渐稀少。无论是出于安全的考虑还是网购的便利，消费者都大大减少了出门购物的次数，实体店的客流量进一步减少，线下生意愈加难熬。

当前，在移动互联网和疫情影响的双重背景下，实体店的经营逻辑已经悄然发生改变，如果再固守传统观念和陈旧的经营思维，闭店歇业也是很可能会发生的事。

传统实体店生意之所以做得吃力，很大程度上源于老板的"守店"思维，开店等客上门，极少主动引流拓客，没有建立自己的客户流量池，完全靠天吃饭，所以总是缺客。

互联网时代的实体店生意，必须要有主动出击的猎人精神、精耕细作的农耕思维，主动去培育自己的自留地，种下一批种子客户，花时间精力去培育，借助各种引流措施，不断播种，不断拓展，直至门店的专属私域流量池得以形成，门店的生意才能"为有源头活水来"，才有永不枯竭的进店客流。

实体店吸引客流、拓展顾客，重在从传统的"人找店"模式向"店找人"模式转变。学会主动冲击，尝试一切可行的方法去拓客，去引流，去增加客户数量，才能为门店带来源源不断的客源，有了客源才能带来生意，产生利润。

本书作者为各类实体店主、经营管理人员、营销推广人员提供了 99 条引流拓客方案，每个方案都是"理念＋思路＋案例＋实操技巧"的结合体，其中既有能为门店带来短期客流的策略性、技术性、战术性的引流方案，也有能为店铺带来持久客流、让商家持续精进、永远立于不败之地的长期性、战略性的引流方案。

99 条引流方案，无论你经营的是何种类型的实体店，都总有几条适合你，助你突破客流量不足的经营困境。

编　者

目　录

第 1 章
新媒体引流：将线上流量导入线下

第 2 章
产品引流：选好引流产品是关键

第 3 章
让利引流：让顾客感觉到占便宜

第 4 章
感官引流：想方设法吸引顾客眼球

第 5 章
体验引流：提供无可替代的消费体验

第 6 章
活动引流：批量导入目标客户

第 7 章
借力引流：搭好顺风车，顾客自然来

第 8 章
社群引流：实现客流的裂变式增长

附录　实体店分类表

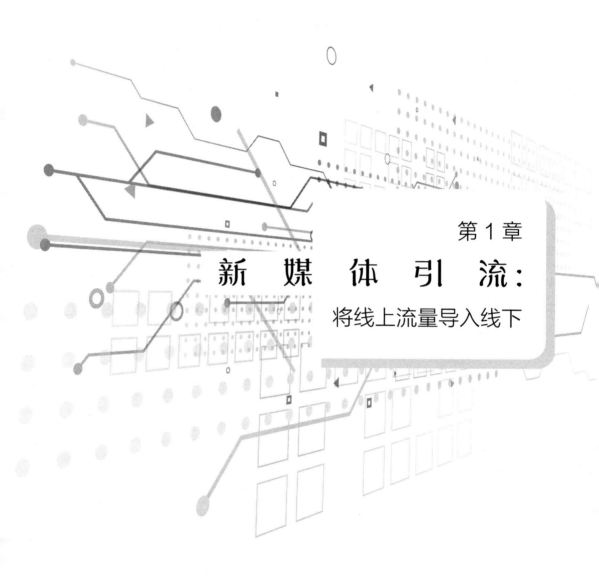

第 1 章

新 媒 体 引 流：

将线上流量导入线下

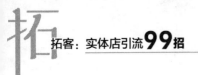
第 1 招　互联网思维引流

流量从来就是零售业的命脉，无论是线上店商，还是线下实体店。

互联网深刻地改变了零售业的商业环境。对实体店而言，移动互联网的普及，改变了消费者的购物习惯，改变了消费者的行动轨迹。

互联网时代，实体店经营的方法完全变了，再固守传统引流思维，坐等顾客登门，注定会四处碰壁，因为消费者的行动轨迹和消费模式变了。

宝岛眼镜董事长王智民讲过一番话：

我父亲的成功秘诀就是会"看店"（找门面的意思）。例如，北京的宝岛眼镜门店就是他亲自去看的，许多位置他是凭经验凭直觉做的判断，认为这家店一定赚钱。后来呢，果然是赚钱。但如今，如果再用同样的思维和方法去找店，肯定行不通了。

王智民的总结道出了当今实体店面临的共同挑战：商业环境出现剧变，不再固守传统的成功经验，要学会变通，适应新的商业环境。

未来一定属于既能深刻理解传统商业的本质，又具有互联网思维的人。

商业的互联网化主要表现在以下两个方面。

（1）重新构建与消费者之间的关系。

（2）利用互联网工具改造内部经营流程。

在互联网和店商冲击下，很多实体店主抱怨生意难做，租金太高，客流量越来越少，顾客忠诚度也逐渐降低。

但同时我们也看到，一些具备互联网思维的实体店，即使位置欠佳，也可以通过互联网引流手段让顾客络绎不绝，生意不仅不见萎缩，反而逆势增长。

案例 1-1

王先生曾就职于某品牌连锁眼镜公司，负责营销推广工作。后来，他利用自己的专业和认知优势开了一家楼上店铺。

楼上店铺既不在一楼黄金地段，也不临街，优势是租金低。在传统思维看来，这种店铺最大的问题是客流稀缺。

当被问起"在楼上开店，你如何解决客流量"时，王先生的回答让人很意外，他称："我最不缺的其实就是客流。"原来，他是知乎达人，在知乎上发表过很多专业的科普文章，有大量的忠实粉丝，其顾客多是慕名而来的粉丝。

案例 1-2

Lily 经营着一家很有文艺范的甜点店，她懂得借助互联网工具，如微信朋友圈、微博、抖音等社交媒体来推广自己的店铺，很多顾客都来自线上，同时也是她的社交好友、社群粉丝。顾客们喜欢在晒买家秀的同时 @ 她，她的店铺在粉丝眼中有着很好的口碑，粉丝顾客也有着很高的复购率。

以上两个案例值得关注的一点是：店主所做的引流工作基本上是零成本的，付出的只是时间、心思和精力，而他们采用的线上引流工具基本上没有门槛限制，对所有人公平开放。

传统实体店要想实现成功转型，适应互联网时代的商业要求，就要具备互联网思维，借助互联网思维来引流，提高经营效率。

1. 让互联网思维成为一种思维范式

当前，互联网不再仅仅是一种技术，而是逐渐变成一种思维范式。

何为互联网思维，百度前总裁张亚勤的观点很有代表性：

"什么叫互联网思维，或者是什么是本质？我想了一下，从技术或者从产业观点来说，应该是一种感知的能力。对于用户的快速感知，就是对场景快速

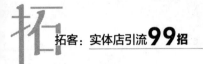
地感知然后做出应对。"

如何去感知你的用户并快速作出反映呢？

首先要以用户为中心，而不是以自我为中心。大部分实体店经营者时时刻刻想的是"我怎么把东西卖出去"，而没有心思考虑顾客想什么、需要什么。只有站在顾客的角度进行换位思考，针对性地设计或提出解决方案，才能引起顾客的共鸣。

其次，要知道你的主流消费群是谁，他们在哪里，他们喜欢什么、不喜欢什么。而不是胡子眉毛一把抓，什么样的顾客都想要，最后什么也抓不住。要锁定目标消费群，集中优势资源满足他们的需求，其他群体作为辅助。

2. 善于利用各种互联网引流工具

（1）自媒体工具。近年来，自媒体呈爆炸式发展，用好自媒体传播工具，人人皆为媒体，皆可宣传推广自己。目前国内流量较大的自媒体平台有字节跳动系——今日头条、抖音、西瓜视频，阿里系——大鱼，百度系——百家，腾讯系——企鹅号、微信公众号等。另外还有一些其他自媒体平台，如新浪微博、搜狐号、网易号、一点资讯、简书等。

自媒体工具常常被商家用来引流，打造私域流量池。

（2）搜索工具。例如，百度、谷歌、搜狗、360、微信搜索等都是搜索工具，商家可通过行业内容、关键词设置用户搜索的关键词，从而获得排名，就可以源源不断地获取精准流量。但是，搜索工具引流是一种付费推广方式，成本相对较高。

（3）行业网站。例如，美团、饿了么等外卖网站，以及58同城、阿里巴巴等行业网站，可通过行业网站的桥梁作用，同潜在顾客建立链接，达到引流的目的。

（4）LBS（Location Based Service，基于位置服务）工具。例如，高德地图、腾讯地图、大众点评网等，通过第三方网站提供的位置服务为店铺实现线上定位，吸引顾客前来。

（5）社群工具。将潜在顾客纳入社群，如微信群、QQ群等，对社群成员进行精准营销。

（6）线上开店。这一点比较直接，线下实体店进军线上，同线上店商抢流量。

互联网思维引流	
费用指数	★①
操作难度	★★★②
效果指数	★★★★★③
适用店铺	所有实体店

第2招　百度竞价引流

百度竞价引流是一种网络付费推广引流方式，商家购买该项服务并开通推广账户后，通过注册提交一定数量的同经营范围相关的关键词，如婚纱摄影哪家好、拍婚纱照一般多少钱、哪家美容院比较靠谱、幼儿学画画去哪里好等。

商家开通以上关键词的推广后，其推广信息就会率先展示在用户相应的搜索结果中。例如，当某个用户用百度搜索"婚纱摄影哪家好"这个关键词时，通过竞价推广的商家就会优先展示到用户的搜索结果中，搜索结果右下角有"广告"字样。至于呈现的顺序，则取决于本地同时做该推广的商家数量和出价，通常出价越高，排名越靠前。

竞价推广展示，只有被点击时商家才需付费，即按点击次数付费。由于进行特定关键词搜索的多是意向比较强的准客户，因此通过百度竞价方式引来的多是精准流量。

竞价推广可以通过关键词搜索的方式将目标客户和商家联系起来，为商家带来目标明确的潜在客户，可以大大提高引流成功率。另外，竞价推广有推广时段可控、推广地域可控、推广费用可控等优势，因此非常受企业和商家的欢迎。

---

① 一星成本最低，五星成本最高，下同。

② 一星操作难度最低，五星操作难度最大，下同。

③ 一星效果较差，五星效果最好，下同。

另外，搜狗、360 等搜索引擎也都有类似的竞价推广方式，此处不再单独讨论。

案例 2-1

长沙某婚纱摄影店尝试过发宣传单、摆外展等传统的宣传引流方式，但由于受众有限，推广效果不甚理想。从 2010 年开始，该店开始做百度推广，引流效果明显，甚至辐射到了株洲、湘潭一带的客户。

后来，该店还专门成立了一支网络营销客服团队，用来优化百度竞价投放，提高客户转化率，最高的时候，该店有超过 30% 的顾客都来自百度竞价推广。

案例 2-2

某瑜伽馆首次通过百度推广的效果更加明显，平均每天带来的电话咨询量有 20 组左右，成交转化率在 80% 左右，该瑜伽馆近 70% 的客户都是来源于百度推广，另外还有 20% 则是百度老客户带来的新客户。由于业务量发展迅猛，该瑜伽馆正打算开连锁店。

以上案例多是前些年赶上了百度推广的红利期，虽然如今各种网络推广平台已经大大分化了百度的流量，但是百度推广的效果依然存在。

这里需要注意的是，百度竞价推广不同于其他网络推广方式，并不适用于每一家线下实体店，是否适用百度竞价主要取决于以下几个衡量要素。

1. 百度竞价适合哪类实体店

百度推广更适用那些客单价较高、低频次的实体店，如婚纱摄影店、医疗美容店、培训机构、减肥瘦身中心、健身中心等；对于其他客单价较低、高频消费的实体店，则不太适用，因为点击成本相对较高，性价比较低。

2. 百度推广需要有专人运营

百度推广的展现排名不仅取决于出价高低，还取决于关键词质量、创意质量，以及对推广账户的及时维护、调整、管理，这些都需要有专门的竞价专员来操刀；同时，当网络搜索用户点开商家的宣传落地页面之后，还要有相应的客服人员来提供咨询，提高转化率。缺乏专业人员打理，推广费用很可能会"打水漂"。

竞价、客服人员也会增加人力成本，很多小型实体店也负担不起。

3. 行业的竞争激烈程度

是否投放百度广告还取决于所在行业的竞争程度，同行商家越多，进行百度推广的商家越多，那么推广成本也就会越高，进店客户的平均推广成本也就越高。

此外，还要看商家自身是否存在明显的差异化竞争优势，如果产品、服务相对竞争对手没有差异化，没有特色，那么即使你的广告页面展现在消费者面前，他们也不会选择你。

百度竞价引流	
费用指数	★★★★★
操作难度	★★★★
效果指数	★★★★★
适用店铺	高客单价、低消费频次的实体店

第 3 招　O2O 引流

O2O 即 Online To Offline，是指"线下"（Offline）的商业机会和互联网（Online）充分结合，让互联网成为线下交易的前台，线下实体店成为交易的实体支撑。

通俗地说，无论是电商还是实体店，只要能兼具网上商城及线下实体店二者，并且网上商城与线下实体店全品类价格保持一致，即可称之为O2O。也有人认为，O2O 是 B2C（Business To Customers，商家对消费者个人）模式的一种特殊形式。

O2O 模式下，消费者在线上购买某项商品或服务，然后去线下享受服务。O2O 更侧重服务性消费，包括餐饮、电影、美容、SPA、旅游、健身、租车等。

线上向线下导流模式是 O2O 模式的实践，核心是线下实体店，主要目的是通过 O2O 模式来为线下实体店导流，提高线下实体店的成交量。

线上向线下导流，适用于品牌号召力较强、影响力较大的实体商业，具体导流模式如下：

- 线上发放优惠券，供线下实体店使用，增加实体店销量；
- 通过位置定位功能帮助消费者快速找到门店，为线下实体店导流；
- 收集线下实体店用户数据，进行精准营销，提高成交率；
- 线上发布新品（服务）预告，吸引用户到店试穿、试用，刺激购买欲望。

案例 3-1

优衣库打造的 O2O 闭环的主要目的是为线下实体店提供引流服务，帮助线下门店提高销量，并做到推广导流效果可查、每笔交易可追踪。

优衣库采用"门店＋官网＋天猫旗舰店＋手机 APP"多渠道布局中，其中手机 APP 可以支持的功能如下：

- 实体店查询；
- 在线购物；
- 优惠券发放；
- 二维码扫码。

优衣库的在线购物功能是通过跳转到手机端的天猫旗舰店来实现的；优惠券发放和实体店查询功能则主要是为了向线下实体店引流，增加用户到店消费的频次和客单价，提升经营绩效。

目前来看，优衣库已经有效实现了线上线下的双向融合。

首先，手机 APP 上设计的优惠券、二维码都是为引流而设计的，只能在线下实体店内才能扫描使用。

其次，优衣库线下实体店内的商品和优惠券二维码也只匹配优衣库的 APP，从而可以将线下实体店的消费者吸引到线上，提高 APP 的下载量和用户量，培养忠实的消费者，实现线上线下融合的良性循环。

移动互联时代，电商在布局线下，线下实体店也在进军线上，线上与线下已经实现高度融合。O2O 全渠道将是零售的未来，这已成行业共识，实体商家也都在投资打造线上线下融合的多渠道及数据设施，甚至呈现后来居上的态势。

线上线下的界限开始越来越模糊，互相引流、融合成为一个趋势，这意味着 O2O 的下一步要演化成"O+O"。线上线下的融合有多种方式，主要取决于以下几点：

- 线上购买能不能线下退？
- 线下购买能不能线上退？
- A 店购买能不能 B 店退？
- 线上购买能不能线下试？

如果做到了这些，才是真正的"O+O"，才能为顾客带来愉快的消费体验。

O2O 强调"闭环"，O2O 就是将线下实体店开到线上，线下实体店成为 O2O 的一个数据节点。在线上，用户往往不愿意将详细个人信息透漏给网站；而线下则不同，商家能够很容易收集到顾客详细的个人信息，通过线下的实体店深度挖掘顾客资源，通过大数据分析为顾客提供更好的服务和体验，实现了在数据层面的 O2O 闭环，进而才能实现流量的循环。

也就是说，把线下的流量导流到线上，再从线上导流到线下消费，反复循环，达到整个闭环。

O2O 引流	
费用指数	★★★★★
操作难度	★★★★★
效果指数	★★★★★
适用店铺	品牌、大型连锁实体店

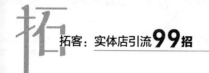

第 4 招　软文引流

软文引流是指通过相关网络平台发布有价值的商业资讯，吸引目标消费者对商家的关注，使一部分消费者通过关注自媒体账号、微信公众号等成为商家的线上粉丝；另一部分消费者则直接向门店进行导流，增加实际到店客流量。

软文营销之所以有一个"软"字，在于它不像其他宣传产品、服务的硬广告一样，以简单直接的形式展现给目标受众，而是以柔软曲折的方式表达出来，通过特定的概念诉求、文字处理、植入融合对消费者形成一种心理冲击，使其接受商家设定的概念，从而达到营销引流的初衷。

相对于硬广告，软文营销的优势表现在以下几个方面。

第一，成本较低，性价比较高。软文费用较低，如果不计软文写作本身产生的费用，那么软文引流几乎没有费用，但一篇好的软文，其影响面和引流效果是不可估量的。

第二，可信度高。通过软文宣传的产品或服务能够带来较高的消费信任度，尤其是一些科普类的软文，更容易让消费者相信。

第三，受众更精准。营销软文如果设计好标题和内容，那么在当今网络平台大数据推送技术的帮助下，会被直接推送给精准客户和潜在客户，传播效率更高。

第四，展现发布渠道多。随着各类网络咨询平台如雨后春笋般推出，软文的发布渠道也越来越多，覆盖面越来越广，如微博、今日头条、微信公众平台等各类网络新媒体。

第五，形式灵活多样。以往的软文多是文章、图文形式，如今随着短视频平台的不断崛起，软文还可以短视频、微视频等形式播出，使内容更加聚焦、更具吸引力。例如，当下流行的抖音、快手、微信视频号等都有庞大的流量，都是非常好的展现渠道。

来看一个早期论坛时代的经典软文引流案例。

案例4-1

　　早些年，天涯论坛上有一个名为"创业家园"的板块，吸引了很多创业者和准创业者，其中不少帖子都是创业历程的分享，也有不少商家的营销软文混杂其中。

　　其中，就有一篇某卤菜店老板发布的帖子，标题是"我吴庆元没什么了不起，只是把开在乡里的随手香卤菜一天卖到16287.5元"。不得不承认，该标题写的有水准，吸引了很多想赚钱和创业的网友的注意力，看到标题的网友基本都会点击阅读。

　　借助这篇软文，这家卤菜店老板在一年时间内成功招到了很多学徒，卖出了很多卤菜配方，学费为5800元，学徒可以进店实地学习卤菜制作技术，学完后可以带配方回家开店。据知情人透露，这家卤菜店老板仅一年就卖出500多份配方，年赚数百万元。

　　现在，天涯论坛虽然没落了，但是软文营销没有过时，案例中老板的软文引流、成交思路仍有借鉴价值。

　　下面结合案例中的软文，分析软文引流得以成功的关键要素。

1. 有足够醒目的标题

　　标题是否吸引人，决定了有多少人会点击阅读，如果标题不好，软文就等于失败了一大半，因为无法引流。案例中的标题非常成功，主题明确，而且具备足够吸引力的数字，有整有零，会大大增加受众点击的欲望。

2. 内容真实，有图有真相

　　在卤菜店老板的软文中有大量店内经营状况的实景照片，如刚出锅的卤菜、顾客火爆购买的场景、人挤人的店面，图文并茂，加大了读者对其内容的信任度。

　　另外，该店主每天的收入都有记账，密密麻麻的账本照片也被展现在了帖子中，进一步增加了内容的真实度。

看到这些日进斗金的赚钱数据和场景，一些渴望创业却无好项目的人很容易被打动。

3. 适当的植入与暗示

软文中，卤菜店老板有时更新迟缓，他会很聪明地致歉，称自己出差指导别人开店，耽误了帖子更新。

这一招隐性植入效果非常好，其实是在暗示大家他可以收徒弟，可以指导其开店，从而为下一步的引流、成交奠定基础。

经过适当暗示后，他留下了联系方式，接下来就是"愿者上钩"了。

4. 案例佐证，马甲出场

随着越来越多的人愿意拜师、购买配方，也不断有人去其卤菜店里学习，该老板又适时放出一些学徒学习和开店的照片，而且帖子中还出现了大量自称学徒的账号，不断进行顶帖，现身说法，打消其他人的顾虑。

软文引流	
费用指数	★
操作难度	★★★
效果指数	★★★★★
适用店铺	有一定内容创作能力的实体店

第5招　新浪微博引流

新浪微博（以下简称微博）曾同微信一起被誉为"双微"，即使近年来被短视频等新型平台分散不少流量，但微博依然是很多企业、商家进行品牌营销、推广引流的首选工具。相对于其他网络媒体，微博有其独特的"江湖地位"和宣传推广优势。

第一，微博在网络平台中的"江湖地位"举足轻重。仔细观察不难发现，绝大多数网络平台发布的内容、资讯是可以同步分享到微博的，这是微博"江湖地位"的充分体现。同时，这也给了商家更多的流量入口，将各个网络平台的内容实现关联互通。

第二，微博有可观的自然流量。不同于今日头条系的冷启动和算法推荐机制，通常发布的微博都会有上百的阅读量，且没有发布数量限制。如果每天发布几十条微博，也能给商家带来可观的流量。

第三，微博有较高的搜索权重。例如，如果商家用店铺名字开通微博，连续发布一周内容后，通过各大搜索引擎输入店铺名字进行搜索，就会有结果展现。而其他自媒体平台大多只能实现站内搜索，不支持全网搜索。

第四，微博对于广告比较宽容。微博允许用户做广告，如商家想通过微博将读者导入微信号或公众号，或者希望顺带推广其他平台都是允许的。当然，其前提是发布的内容要合法、合规，这种宽容度也是很多自媒体平台所不具备的。

当然，任何平台要想达到较好的宣传、引流效果，都需要时间积累、客户沉淀，也需要商家的匠心运营。

案例 5-1

　　野兽派花店，严格意义上并不是一家花店，或者说不是传统意义上的花店，它成名于微博，通过微博私信来销售鲜花，并没有传统意义上的线下实体店，只有线下作坊。

　　野兽派花店之所以在新浪微博脱颖而出，在于它的最大卖点并不是鲜花本身，而是将鲜花和故事进行捆绑销售。

　　该商家的产品逻辑是，结合对顾客个人故事的倾听，将个性化的故事和进口高档花束进行融合，最后配合以文艺化的名字，包装成独一无二的精美花束，以高昂的价格销售给粉丝。而顾客就是特定花束的主角，鲜花被赋予了人格，因此顾客愿意接受这种附加值，愿意为之付出较高的代价。

　　野兽派花店本质上进行的是故事营销，其树立了独特的品牌形象，目前该微博有近百万粉丝关注，能给商家带来持续不断的高价值客流。

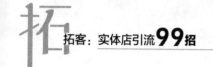

微博引流，要顺应平台规则而为。

1. 利用热门话题蹭流量

热门话题常常有，要留心关注，找到同门店经营主题相关的话题，或找到同热门话题之间的纽带，添加相应热门话题发布微博。例如，餐饮店可以添加"最怀念的大学后街美食"等话题，曝光量和流量会大大增加。

2. 利用评论引流

微博评论的引流效果不错，如可以去明星、大 V 的微博中评论，由于他们粉丝众多，微博往往有可观的浏览量，如果评论很有趣，且能够将自己的产品巧妙融合进去，就可收到很好的引流效果。

3. 借助超级话题引流

微博的超级话题和百度贴吧相似，发布微博时可捎带超级话题，那么发布的内容就会进入相应话题的流量池，这种被话题圈定的流量池通常是相对精准的流量，借势得当，可以引来精准客户。

4. 利用福利活动引流

微博最常见且百试不爽的一种福利活动就是转发抽奖活动，微博有一个转发抽奖的小助手，可以借助它做一些福利抽奖活动，能提高粉丝的参与积极性，引流性价比较高。做好福利活动的前提是所选的赠送物品一定要具有吸引力。

5. 通过微博高级搜索引流

借助微博的高级搜索功能可以帮助商家找到精准用户。高级搜索可以找到与本行业有关的同城博主，关注他们，在发布软文广告时就可以 @ 博主，这些博主的粉丝就可以看到这条微博，而这些粉丝多是本地的有效精准粉丝。

微博引流，内容为王，关键是要设计出让粉丝感兴趣的内容，吸引他们的注意，追逐热门，使自己得到更大的曝光，从而实现精准引流的目的。

新浪微博引流	
费用指数	★
操作难度	★★★★
效果指数	★★★★★
适用店铺	有格调的实体店

第6招　微信公众号引流

"再小的个体，也有自己的品牌！"

这是微信公众平台的宣传文案，微信公众平台一经推出，就成为广大企业、商家、媒体、公众人物和个人用户所喜欢的运营平台。

对实体商家而言，微信公众号是一个非常好的品牌运营和推广平台，可实现多媒体信息大规模推送、定向推送（可按性别、地区、分组等指标定向推送）、一对一互动、多样化开发和智能回复等，是一个效果明显的推广引流载体。

微信公众号是免费的引流工具，免费注册，如果需要官方认证，则要支付相应的认证费用。公众号有两种类型。

第一，订阅号。订阅号的定位是提供资讯，每日有一次群发推送机会，最多可以发布八篇文章，政府机构、企业组织和个人均可以申请。订阅号无法开通支付功能，而且其推送的信息会折叠在订阅号的消息框内，容易被覆盖，不易被用户发现。

第二，服务号。服务号可为企业和商家提供强大的业务管理和用户服务能力，倾向于提供服务，服务号的信息可以直接展示于微信对话框，更容易被用户看到、点击。订阅号每月有四次群发推送机会，每次最多可以推送八篇文章，且可以开通支付功能，但是个人无法申请，只允许企业、组织申请。

根据微信公众平台的定位，可用订阅号来做推广，用服务号来做客户服务。

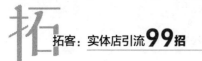

例如，某家大型商场可以建立订阅号和服务号组成的公众号矩阵，由订阅号提供咨询，由服务号提供服务，最终实现向商场的引流和客户管理。

通常，对于实力不太雄厚的实体店，建议开通服务号即可，因为服务号与微信聊天列表并列，而订阅号则需要二级入口才能进入。另外，服务号推送文章较少，一方面可以避免频繁打扰客户；另一方面也不至于过度分散实体店主的精力，因为大多数实体店主并没有每日更新大量文章的持续内容输出能力。

案例 6-1

某影楼开通了微信服务号，为了拓展粉丝量，一方面通过网上宣传、门店展示以及优惠信息等方式来展示自己的公众号二维码，吸引客户关注；另一方面还和一些关联商家，如鲜花店、婚纱店、儿童培训机构、咖啡馆、旅行社合作，实现公众号互推，关注者可获得免费写真拍摄券。

对于公众号上推送的文章，这家影楼也非常讲究，它深知顾客最讨厌硬广和广告刷屏，因此非常注重题材和内容的选择。例如：

对于拍摄过的婚纱照，该影楼通常不在公众号上直接发布照片等常规信息，而是挖掘客户背后的爱情故事，使之更有看点；

对于一些拍摄技巧的分享，它会借助标题的优化来吸引粉丝关注，如"你的男友是不是经常把你拍成土肥圆？这里给大家分享一些素人拍摄美图的小技巧"。

这样一来，推送的内容既有干货，也有看点，同时标题又能博人眼球，粉丝点击、参与、互动、转发的积极性也就会更高。

经过三个月的公众号运营之后，该影楼积累了数万本地粉丝，向线下店面的导流效果也非常明显。

通过公众号引流的方式有以下几种。

1. 创建微商城

实体店根据经营范围可创建相应的微商城，同微信公众号进行绑定，一方面可以方便粉丝消费；另一方面能带来额外的流量和销售额。建议将线下实体店的相关介绍和照片等信息上传至微商城，增加可信度。

2. 绑定会员卡

实体店启用微信公众号上的会员卡功能，粉丝开通会员卡后，就可同时享受线下店铺和线上微商城的会员待遇，如消费折扣、积分兑换等，可增强粉丝凝聚力和消费积极性。

3. 引流至微信群

将公众号粉丝导入微信社群，进行社群维护、营销，不定期推送优惠信息、增值服务等，还可开展团购、众筹等营销活动。

4. 定期推送高价值信息

高价值表现在两个层面：其一，能够为粉丝带来实惠，如优惠、折扣、买赠信息等；其二，能够为粉丝带来知识、价值，即通过专业文章的推送，让粉丝感觉到有价值、有意义。

对于其他无意义、低价值的内容，尽量少推荐。

5. 线下向线上引流

逆向来看，实体店也可以将店内顾客引流至公众号。例如，可在店内放上公众号二维码，当顾客消费完毕，提醒顾客扫描二维码关注公众号，同时给予一些小实惠，这样就可以进一步实现顾客的绑定，提高顾客黏性和忠诚度，实现重复引流、重复消费。

最后要注意的是，运营微信公众号时，切忌只发广告。没有高价值信息的分享，也没有粉丝互动，只有简单粗暴的广告，用户体验极差，当然就谈不上沉淀粉丝和引流的效果。

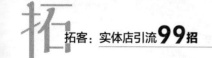

微信公众号引流	
费用指数	★★
操作难度	★★★
效果指数	★★★★★
适用店铺	有一定内容创作能力的实体店

第 7 招　微信朋友圈引流

你的朋友圈，反映的是你的眼界和格局！

对于商家而言，微信朋友圈也是一个很好的闭环引流成交工具，通过微信做客户引流，朋友圈是一个绕不过的途径。

微信朋友圈引流同样有两种玩法，即付费推广引流模式和免费推广引流模式。

1. 付费推广引流模式

付费推广引流模式，即投放微信朋友圈本地推广广告。朋友圈付费广告的优势如下。

（1）可以查看店铺位置。朋友圈广告信息会链接相关的商家信息，如位置、电话、图片、经营时间、推荐产品等，顾客可以借助导航直接到店消费。

（2）实现广告精准投放。商家可结合自身情况，在广告后台根据标签分类选择合适的人群进行精准投放，将广告展示给消费欲望最强的潜在顾客，让广告信息的触达更加精准、高效。

（3）自定义投放时间。商家可以自定义投放时间，如餐饮店可以选择在用餐高峰期进行六小时的区间投放。这样可减少无效曝光，降低广告成本。

（4）自定义投放位置和投放半径。商家应根据店铺的位置、辐射范围竞争商家等情况来选择广告的投放半径（500 ~ 5000 米），对商圈内的潜在顾客实现精准覆盖。

（5）费用较低。微信朋友圈本地广告总体费用较低且可控，每日投放预算可低至 300 元，适合中小商家。

（6）避免被屏蔽。相对于自发的朋友圈信息，付费广告不会被微信好友屏蔽，具有较好的展示效果。

案例 7-1

西少爷肉夹馍西直门店新店开业时，投放了微信朋友圈本地广告。后来的数据统计显示：西少爷共投入 2.5 万元广告费，广告信息覆盖人群为 29 万，广告点击率为 5%，单次点击成本约合 1.72 元。最终，该店开业期间的客流量超出同类新店 10%。

案例 7-2

瑞幸咖啡新店开业时也采用过这种广告投放策略，其广告更直接——给店面 5000 米范围内的顾客免费送咖啡，而且领到免费咖啡的顾客还可以分享给亲朋好友，这样朋友还可以得到一杯免费咖啡，分享者再得一杯。通过这种裂变方式，瑞幸咖啡门店迅速遍布全国，甚至超过了星巴克。

付费推广引流模式适用于有一定资金实力的品牌店面或是有格局的实体店。

2. 免费推广引流模式

对于资金实力有限者，或者不愿做付费推广的实体店，朋友圈免费引流模式也大有可为，当然也需要付出对等的时间和精力。

朋友圈免费引流效果首先取决于好友数量，如果好友太少，引流效果将大打折扣。同时，要注重内容的吸引力，做到有趣有料有实惠，具有互动性，否则牛皮癣式的广告营销只会招致好友的反感、屏蔽甚至删除拉黑。

那么，应当如何来包装、运营朋友圈呢？

（1）做好内容定位，持续输出优质内容

借助朋友圈引流，切忌全是广告宣传信息，应当做好内容分类，如可以按

"30∶30∶20∶20"的比例进行分布：

- 30%的产品、服务相关信息，即同店铺经营范围相关的直接宣传性内容，不宜过多；
- 30%的专业内容，即同经营领域相关的专业知识，为粉丝提供增值服务；
- 20%的个人日常，可以是店主的，也可以是营销人员个人的，目的是让微信账号人格化，而非只是冰冷的营销机器，同时也可以增强粉丝的信任感，拉近距离；
- 10%的趣事、段子，让粉丝感觉到放松、快乐。

这样的朋友圈才是完整的有血有肉的朋友圈，粉丝才会感觉你有生活趣味、有专业性，有内涵。长期下来，他们才会真正将你视为微信好友，而不是营销号。

（2）定期将微信好友分类

具体可根据消费潜力以及经营类目对微信好友进行分类，如：

- A类顾客：经常消费；
- B类顾客：只在推出活动时才消费；
- C类顾客：消费过一次，近一段时间没有再消费过；
- D类顾客：微信咨询但没有消费。

经过分类，可以清晰判定每一类顾客的消费特征，进而采取不同的跟进维护方式，并开展不同的营销手段。

微信朋友圈引流	
费用指数	★～★★★★
操作难度	★★★
效果指数	★★★～★★★★★
适用店铺	所有实体店

第8招　微信小程序引流

微信小程序是一种不需要下载安装即可使用的应用，商家、政府、媒体和个人都可以申请注册使用小程序。

小程序依托于微信这个超级的流量入口，是为打通线上线下场景而生，消费者可以借助小程序搜索商家、下单，商家则可以借助小程序实现引流和裂变。例如，商家借助分销、优惠券、拼团购等各种形式的小程序插件，就可打造裂变式传播与获客，进而为线下门店导流，提升经营业绩。

微信小程序作为一种连接用户与服务的载体，是线下商家提供转型为新零售的低成本解决方案。

小程序引流途径主要有以下几种。

1. 附近商家

启用微信小程序的商家，可以将自己的店铺展现在方圆 5000 米范围内的微信用户手机上，当用户打开微信查看附近的小程序时就可以看到。

当然，由于小程序众多，通过搜索附近商家究竟能为线下商家带来多少流量还取决于商家的名称优化技巧以及其绑定地点商家的多寡程度。

2. 关键词搜索

在小程序后台可以选择"推广"，并选择添加关键词，输入想要展示的关键词。当用户搜索相应关键词且正好同你设置的关键词相匹配时，商家就会被展现出来，类似于百度推广。

3. 线下二维码引流

小程序同微信和公众号一样，也有二维码，商家可以在店内或线下渠道推广小程序二维码，提升小程序的地推效率，引流至线上。

4. 分享引流

小程序可以在公众号、朋友圈、微信群等渠道分享，有兴趣的用户看到后可以直接打开小程序，而不需要像公众号一样先关注，操作非常便捷。

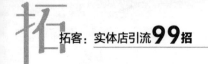
5. 关联公众号

关联公众号的好处在于让小程序有一个落地的场所，具体可以在公众号文章中插入小程序，还可以在公众号自定义菜单中设置小程序的链接，将公众号粉丝导入小程序。

案例 8-1

餐饮行业一般客单价较低，营业收入很大程度上取决于客流量。以往，餐厅收入通常取决于自然流量和外卖收入，对于商家而言都是被动的获客方式。

当微信小程序推出后，某快餐厅老板捕捉到了该应用的潜力，第一时间开通了微信小程序，进行了一系列推广操作——

第一，在店内设置小程序二维码，顾客到店后可以扫码点餐，将顾客沉淀至线上；

第二，在小程序推广后台设置了十余个关键词，提高被顾客检索到的概率；

第三，在公众号上设置自定义菜单栏时添加餐饮小程序链接；

第四，建立支付后的入口，当顾客通过微信付款后会收到支付成功的通知，点击后可以进入小程序，实现二次触达；

第五，借助小程序进行拼团、秒杀、砍价等优惠活动，激发消费者低价消费的积极性，实现快速裂变；

第六，进行朋友圈和微信群转发，吸引更多潜在顾客进入小程序消费。

经过一段时间运营，该店收入结构优化成了"自然到店客流—外卖—小程序客流"各占三分之一的格局，大大降低了餐厅对外卖的依赖，提升了获客主动权。

小程序的费用并不太高，其费用体系一般包括两个方面。

（1）**小程序申请费用**。申请费用为 300 元，如果商家已经拥有认证过的微信公众号则可以免费申请。

（2）**小程序开发费用**。小程序开发费用具体又分为以下两种情况。

第一，使用小程序模板：通常在千元到数万元不等，具体取决于页面的多少和功能的复杂程度。例如，餐饮酒店类的预约性小程序一般数千元即可满足，因为可以直接套用模板，需要重新开发和创新的模块并不多。

第二，开发定制小程序：适用于功能复杂的小程序，开发费用一般万元起步，周期也相对较长。

商家可根据自身需求和实力来酌情选择。

微信小程序引流	
费用指数	★★★
操作难度	★★★
效果指数	★★★★★
适用店铺	各类实体店

第 9 招　在线地图引流

在线地图是人们出行的必备软件，可用来搜寻位置、查找路线和导航等，各大在线地图软件动辄拥有数亿用户。例如，高德地图月活用户已达 4 亿，百度地图月活用户也已超过 3 亿，而高德地图的日均定位请求次数更是高达 300 亿次。

在线地图是一个巨大的流量入口，而且由于用户多是进行有目的地搜索，因此这种流量对于商家的意义更重大，多为精准流量。

常用的在线地图有高德地图、百度地图、腾讯地图等，线下商家可以进行地图标注，不仅可以有效展示自己，同时也能够进行更好地传播与推广，吸引非周边、远距离的流量，扩大经营圈。

标注店铺的位置信息，不仅可以实现引流，而且有以下几个好处。

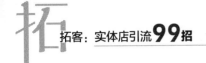

1. 引导顾客导航上门

如今的消费者越来越依赖导航，在线地图标注商家位置后，顾客即可做到一键导航上门。

2. 提升商家品牌形象

通过在线地图，商家不仅可以标记位置信息，也可以上传简介、电话、宣传图片等，全方位展示自身形象，同时也能提升顾客对商家的好感和信任度。

3. 增加商圈外流量

当顾客前往陌生的酒店、宾馆、餐厅、度假中心消费时，通常会提前在地图上查询，能够被查询到的商家通常有更高的曝光率，也有更高的到店率。另外，这种途径吸引来的很可能是本商圈外的流量。

案例 9-1

这是作者亲眼见证过的一个案例，其发生在某郊区樱桃采摘园。

2019 年樱桃成熟季作者曾收到一张该采摘园的宣传单，因为采摘园的详细位置在线地图无法导航，所以只能按照大概地址找过去。途中作者问了几个人，走错了一次路，最终才找到这家采摘园。偌大的停车场里一辆车也没有，采摘园内的游客稀稀拉拉，生意非常冷清。

2020 年 5 月，作者在高德地图上再次搜索这家采摘园，其已经被标注了详细的方位，一路导航过去非常方便。该采摘园同往年明显的区别就是停车场里停满了车，园内游客络绎不绝。

当然，这里不排除该采摘园采取了其他营销措施，但从无人问津到顾客盈门，在线地图的引流功能显然功不可没。

在线地图标注多是免费服务，地图运营方可以丰富内容，商家可以用来引流推广，可谓是双赢。在线地图标注也非常方便，以高德地图为例，标注流程如下。

第一步：打开高德地图软件，点击"我的"，进入"我的"界面（见图1-1）。

图 1-1　"我的"界面

第二步：点击"我的店铺"，进入"我的店铺"界面，可以看到"免费入驻、限时专享"活动，根据提示填写店铺信息，提交经营资质即可。

第三步：审核签约。平台的审核需要一个工作日，审核通过后，会以短信通知的形式签约（见图1-2）。

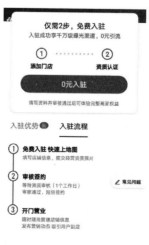

图 1-2　入驻流程

填写店铺信息时，要注意以下几点。

（1）确保地址精准无误。要将店名、电话、营业时间等信息尽可能完善，同时上传一些店铺的精美照片，便于顾客更直观地进行了解。

（2）学会观察后台数据，通过对浏览量、停留时间进行总结分析，对店铺信息进行优化调整。

在线地图引流	
费用指数	★
操作难度	★
效果指数	★ ★ ★ ★ ★
适用店铺	所有实体店

第 10 招　今日头条引流

今日头条作为字节跳动公司旗下的王牌新闻资讯类平台，拥有庞大的用户群和日活用户，且用户黏性极高，用户日均浏览用时在 70 分钟以上。

高黏性且庞大的用户群体沉淀，得益于今日头条的算法优势和个性化推荐机制。

未来学家凯文·凯利著作《必然》第七章的标题为"过滤"，面对信息爆炸的时代，面对海量的信息，有必要对其进行筛选、过滤。

凯文·凯利总结，一个理想过滤器应该有以下三个特征：

● 巧妙的算法会对每个人的大量行为记录进行汇总分析，以便及时预测某个人的行为；

● 通过过滤器，我能知道我的朋友喜欢什么，而那又是我现在还不了解的；

● 过滤器会向我建议某些我现在不喜欢但想尝试着喜欢的东西。

用这三个标准来衡量，今日头条的个性化推荐机制完全符合凯文·凯利所讲的"理想过滤器"特征。

今日头条的核心竞争力在于知道用户想要什么，且能以最快的时间推荐用户想要的个性化信息，因此用户浏览时间相对较长，用户黏性非常高。今日头条，作为一个庞大的流量池，也就成了各类商家进行推广引流的重点渠道之一。

实体店借助今日头条平台，引流方式主要有两种模式：

1. 付费引流

即通过付费广告推广的方式，进行引流，具体又有两种途径。

第一，今日头条付费推广。今日头条拥有强大的人群精准定向功能，可通过大数据挖掘和人工智能算法分析，将广告最大可能地推荐给最需要的人群，大大提高广告的精准度，降低无效投放率，提升性价比。

案例 10-1

玫瑰岛是一个高级沐浴房定制品牌，以往其门店只是坐等顾客上门，客流量较少。

后来，为了拓展客源，玫瑰岛尝试了各种推广方式和推广平台，但引流效果始终不佳。某次七夕促销活动，该品牌选择了今日头条作为广告投放平台，性价比非常好，在 20 余天时间内，先后为其线下店面带来 900 余条销售线索、近 2000 人的实际到店人数，最终成交转化率也颇为理想。

起初，玫瑰岛采用的是 CPC（Cost Per Click，按点击出价）方式来投放信息流广告，广告点击量较高，但实际转化量却有些不稳定；后在今日头条优化师的建议下，又改用 CPA（Cost Per Action，按转化计费）的广告投放方式，效果明显，平均每天可以带来 40 余条意向较高的销售线索，表单成本（收集到单个有效客户信息的成本）在 70 元左右。最终，根据估算，该轮广告投放为玫瑰岛品牌带来了将近 600 万元的销售业绩。

今日头条付费推广引流的优势在于投放精准、费用可控，目前它有三种广告展现形式。

（1）开屏广告，即今日头条 APP 启动时的展示广告，全屏展现，视觉冲击力强，费用高昂，通常百万元起步。对于大部分资金实力一般的实体店，不建议选择开屏广告。

（2）信息流广告，即穿插于今日头条资讯内容中的广告，支持大小图、组图、视频、微动等多种形式，费用一般万元起步，有 CPM（Cost Per Mille）、OCPC（Optimized Cost Per Click）、CPA（Cost Per Action）等计费方式。

- **CPM 计费**：广告按点击付费，只有用户点击广告才产生费用，广告金额不会超出广告主预设的数额。
- **OCPC 计费**：只需设定可接受的最高转化成本或表单成本，系统就会进行最优化投放。
- **CPA 计费**：按效果付费，即按有效客户量或成交量来计费。该方式倾向于保护广告主的利益，实际中采用不多，因为不利于广告投放平台的利益。

（3）详情页广告，即在文章/视频详情页中展现的广告样式，支持大小图、组图、视频等多种广告样式。

第二，自媒体合作推广。 自媒体合作推广即选择今日头条平台上的自媒体大 V、网红进行付费推广合作。例如，餐饮店可以邀请一些本地的美食自媒体来探店、品尝、点评，将探店过程以图文或视频的形式发布于今日头条，从而达到宣传推广和引流的目的。

2. 免费引流

商家可通过注册头条号，发布相关内容，进行品牌宣传推广，实现引流，具体可通过发布微头条、图文内容、悟空问答的方式进行引流。

免费引流带来的流量有两种：

第一，直接流量， 即商家通过分享同经营相关的内容而吸引线上用户到线下消费；

第二，间接流量， 即通过内容分享，吸引用户成为粉丝，再通过后续影响措施实现对粉丝的引流，达成交易，即"先做粉丝，再做生意"。

免费引流需要商家以自媒体创作者的身份持续提供高价值、有意义、有吸引力的内容，坚持优质内容输出，不仅能够获得持续流量，沉淀粉丝，同时有助于提升商家的品牌形象，乃至形成 IP，获得持久的流量红利。

今日头条引流	
费用指数	★～★★★★
操作难度	★～★★★★
效果指数	★★★★★
适用店铺	所有实体店

第 11 招　**抖音引流**

抖音是一个巨大的自生流量体，其日活用户已经突破 4 亿，且每日都在刷新中，成为各类商家的流量争夺地。抖音作为一个价值不可估量的流量蓝海，盛名之下，越来越多的品牌和商家来到抖音营销、引流。

实体店借助抖音平台，可采用以下引流方式。

1. 内容引流

内容引流即开通店铺抖音号，以自媒体运作的形式引流。有条件的商家可以开通抖音企业号，进行"蓝 V"认证，开通后就可获得一系列 POI（Point of Information，信息点）能力，如认领店铺地址、产品服务展示、优惠券投放、一键拨号等，并支持上传联系方式、产品及服务等来"装修"线上门店。另外，抖音号"蓝 V"认证后能得到更多初始流量，同时挂载门店 POI 信息视频会被优先推荐给本地用户。

最重要的是，企业号能免于广告处罚，可通过短视频挂载入口有效为店铺导入线上精准流量。

抖音号要做好内容定位和内容创作，不要为了植入而植入，创意很重要，植入的方式很重要，营销模式在抖音上行不通，要懂得借势而为。

案例 11-1

有食客在海底捞发明了一种超好吃的底料搭配法，称比店里点的底料

还好吃，还发布到了抖音上，引起了人们广泛关注。海底捞关注到了抖音上的这一波热点，顺势推出了"海底捞抖音吃法"和"抖音套餐"，吸引了大批网友前去用餐，很多人点的是抖音套餐。

某海底捞门店服务员称："最近一个月，五桌有三桌都是点抖音套餐，番茄锅底、油面筋桌桌必点，连小料台上的牛肉粒和芹菜粒的消耗都是之前的两三倍。"

抖音小视频比较短，通常可以在声音、道具、字幕、服装中植入产品信息。植入产品性信息是一项艺术，它有如下几项硬性指标：

第一，不能影响受众观看视频；

第二，不要让受众产生厌恶、抵触感；

第三，受众要能感受到植入的产品；

第四，能起到广告营销效果。

满足不了这几个指标的产品植入，要么会让观众反感，要么会让他们无视，都难以实现营销的目的。

因此，植入产品需要特别用心：

第一，产品的植入应同情节巧妙结合，与视频情景自然融合，能够达到水乳交融的境界最好；

第二，产品要与视频的调性和人物的身份相吻合；

第三，产品植入的时机要恰当，既不可喧宾夺主，显得广告太硬，又不可太过低调，让人根本感受不到。

第四，多借助创意性道具，以别开生面的形式将产品、品牌展现出来，更容易吸引受众的注意力。

2. 广告引流

除了通过打造店铺的抖音号来运营引流外，商家还可以通过付费广告的形式进行更直接的推广引流。抖音付费广告一般有两种形式。

第一，投放官方平台广告。 商家在抖音平台投放官方广告时，需要讲究方法和策略。

首先，要根据自身情况和广告目的选择适合自己的广告形式。抖音每种广告类型的展示位置、展现形式和收费标准都不一样，主要有开屏广告、信息流广告、贴纸广告等，其中以开屏广告最为昂贵，商家可根据营销目的和广告预算来选择最合适的广告方式。

其次，要注意的是，抖音平台上软广的转化率要远远高于硬广，因此尽量不要投放简单粗暴的硬广告，应在广告创意、视频呈现形式上多做文章，才能吸引更多用户观看，而不是直接划过，白白浪费广告费。

第二，投放非标广告。如果觉得官方广告比较生硬、价格较高，还可以投放非标广告。

非标广告即非官方的广告，如可以直接找抖音上的网红等来进行广告合作，即给予广告费，让他们将企业的广告信息植入视频内容中，利用自身的粉丝资源和影响力来达到广告宣传的目的。

非标广告要根据预算来找对的人，目前，抖音非标广告的报价方式通常是基于粉丝量。例如，一个拥有 50 万粉丝的网红，按照 3 分钱一个粉丝的标准，一条广告的收费大概为 15000 元。注意，这只是发布费用，不包含视频创意。当然，具体还要根据对方的粉丝是精准粉丝还是范粉来进一步议价。

应在预算范围内选择合适的 KOL（Key Opinion Leader，关键意见领袖），因为企业宣传的产品不一样，不同类型的产品需要匹配不同的 KOL，在他们身后往往是一批有着相同属性的粉丝（潜在用户）。例如，如果投放的是母婴类产品广告，那么就要找粉丝群体为宝妈的 KOL。

但是，人气高的、收费贵的网红不一定是最合适的，而且有些知名网红还会对广告内容有所限制，局限性较大。总之，要选择同自己品牌、产品气质、形象吻合的 KOL。

抖音引流	
费用指数	★～★★★★★
操作难度	★★～★★★★★
效果指数	★★★★★
适用店铺	所有实体店

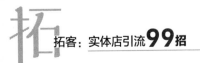

第 12 招 **快手引流**

快手是较早的短视频应用之一，同抖音的商业模式类似，但其定位和用户画像等又与抖音有所不同。

（1）**定位**。抖音定位时尚潮流，主张"记录美好生活"；快手面向大众用户，鼓励各类原创生活视频，宣扬"每个人都值得被记录"。

（2）**用户画像**。抖音用户多集中于一二线城市，收入、学历相对较高；快手用户在三四线城市和农村渗透率较高，收入和学历相对较低。

（3）**运营模式**。抖音运营更激进，擅长主动出击，注重明星流量和品牌入驻，广告营销价值较高，不断涌现新网红；快手则强调普世价值，很少干预用户创作，也极少扶持头部网红，品牌合作较少，属"佛系运营"。

（4）**品牌形象**。抖音偏时尚，快手更接地气。

（5）**流量分发模式**。同抖音倾向爆款的推荐机制不同，快手推行的是"普惠"式分发机制，不易制造爆款，但能够造就创作者和粉丝间的"老铁关系"，能够加深内容创作者与粉丝的黏性，有助于快手账号沉淀私域流量，在直播领域更具优势。快手平台围绕"老铁关系"形成的是"先认人再认货"的商业转化模式。

案例 12-1

某快手男装账号自称在辽宁铁岭地区拥有两家线下男装店。该账号运营六个月，发布近百条视频，有 4 万粉丝。粉丝过万后，该账号开始每日直播卖男装，每次直播三小时，同时在线观看人数在 120 人左右，商家每次直播推出 30 款左右服装，单价在 100 多元。

直播内容以上身试穿为主，口号为"一件也是批发价"；讲解重点是每款都是促销价，如原价 698 元，现在只卖 128 元。据了解，该账号每次直播都能销售 50 件左右，销售额在 6000 元以上。

直播过程中，主播会随时提醒用户关注账号，每次直播前都会提前发布短视频进行预告，告知粉丝直播的时间和相关内容。

快手推广引流的方式主要有如下几种。

1. 硬广引流

硬广引流即在快手平台投放广告，通过付费广告的形式来达到品牌的曝光、引流。硬广引流是一种很常见的营销方式，不仅适用于快手，在其他短视频平台一样适用，适合品牌形象较好、实力较强的线下商家。

2. 内容引流

内容引流即以创作者的身份制作受众喜欢的短视频，快手与抖音不同，其有一个强大的平台操作机制，所以要学会创建一个主题，尽可能地发布优质有趣的作品，利用图片、视频处理软件把自己的作品尽量处理完美。这样做，一方面可为自己的视频增加一些亮点；另一方面可以顺势插入广告，不让受众过于抵触和反感。插入广告时要选择一个切入点，有趣搞笑的内容就是不错的选择。

3. 直播引流

快手直播引流有两种路径：

第一，同快手网红合作，直播推广店铺，适用于连锁品牌；

第二，持续发布内容，积累粉丝，开通直播功能，自主直播，宣传引流、带货。

快手直播功能开通门槛非常低，满足两个条件即可：

第一，已进行实名认证；

第二，拥有六个以上的粉丝。

4. 开通快手小店

通过实名认证的用户可申请开通快手小店，开通时需提交相关资质、营业执照，通过平台审核后即可。

快手小店有四种类型：

第一，快手官方小店，须官方邀请，缴纳 1000 元押金，卖货平台抽取 2%服务费；

第二，直接链接到淘宝店铺或商品，跳转到淘宝体系成交，快手平台无抽成；

第三，链接到有赞店铺，年费 6800 元，快手平台无抽成；

第四，链接到魔筷 TV 店铺，年费 880 元，快手平台无抽成。

快手引流	
费用指数	★~★★★
操作难度	★★★
效果指数	★★★★★
适用店铺	所有下沉市场的实体店

第 13 招　IP 引流

IP（Intelectual Property，知识产权）是指"权利人对其所创作的智力劳动成果所享有的财产权利"，一般只在特定周期内有效。

如今的 IP 已经大大超越了传统知识产权的范畴，如网红可以成为一个 IP，如 papi 酱；自媒体也可以成为一个 IP，如罗振宇、吴晓波；一家网红店也可以成为一个 IP，如喜茶、瑞幸咖啡。它们都是互联网商业的新交易入口，自带流量属性，能为店铺带来可观的流量。

IP 的粉丝大多是忠诚的，他们不在意哪个平台，只会跟着 IP 流动。未来最重要的流量入口一定是"人"，是 IP，而不是平台。

在互联网分众时代，我们难以影响所有人，但务必要对特定人群构成影响力，商家要有特定的忠实粉丝群体，IP 必须要具备粉丝属性，一定数量的粉丝是成功转化的基础。

IP 化生存时代不再是赢家通吃，而是会在无数个垂直细分领域出现一些有影响力的 IP，他们对粉丝有着极强的影响力和引流能力。

案例 13-1

　　靠电商起家的坚果品牌三只松鼠在行业内有着良好的品牌形象，创始人章燎原非常注重对品牌的 IP 化塑造，一直致力于推进品牌人格化，将三只松鼠塑造成了互联网坚果领域的一个优质 IP。

　　2016 年，三只松鼠进军线下，开始开设实体店，其品牌 IP 形象对线下实体店的导流效果非常惊人。2016 年 9 月，三只松鼠首家线下投食店于安徽芜湖开业，开业首月的销售额即达 240 万元；2016 年 12 月，第二家线下投食店在蚌埠开业，开业当天的客流量达到 1.3 万元，前三天销售额高达 37 万元。

　　实体商家的 IP 打造有两个方向。

1. 店主（创始人）IP

　　店主（创始人）IP 即将店主打造为一个 IP，个人 IP 多以行业、企业领袖为主，他们通过媒体传播、峰会论坛、内外部活动等方式制造话题、事件，从而提升个人影响力，使受众从关注其本人逐渐延展到关注其商业理念、提供的产品和服务、个人思想和价值观等，达到营销宣传效应，为企业创造价值。

　　例如，王健林用近 30 年的时间将万达从一个中国地方企业打造为世界一流跨国企业，外界对万达充满了好奇心，而王健林通过出版《万达哲学》一书满足了公众的好奇心。《万达哲学》上市 15 个月，销量即突破 75 万册，进入超级畅销书行列；该书的英文版首印 5 万册，在多个国家同时销售。

　　2016 年 1 月 16 日，王健林在 2016 年万达集团新春联欢会上献唱了一首崔健的歌曲《假行僧》，据清华大学媒介数据研究中心统计，截至 2016 年 4 月 18 日，王健林的《假行僧》演唱视频的全球点击量已高达 25 亿次。这是一个什么概念呢？当年韩国红极一时的鸟叔，其《江南 style》的视频一年的全球点击量也不过 23 亿。

　　这两件事让王健林成为一个超级 IP，也为国内企业家的整体形象注入了新的元素，即更加真实鲜活，更加有血有肉。

据此，店主就可以根据个人情况进行 IP 化包装。简单来说，如果销售护肤产品，可以把自己包装成护肤专家形象；如果销售减肥产品，可以把自己打造成一个减肥达人形象。只有足够专业，才能带来足够的信任和足够的粉丝流量。

2. 将店铺打造成一个 IP

将店铺打造成一个 IP 即对店铺进行品牌化包装，品牌化生存，IP 化生存，使之成为粉丝关注的网红店。

实体店 IP 的判断标准其实很简单——

当顾客想要吃酸菜鱼时，就会想起某家店；

当顾客想要吃火锅时，就会想起某家店；

当顾客想要喝咖啡时，就会想起某家店；

当顾客想要理发时，就会想起某家店；

……

因此，能够成为顾客心目中首选对象的店铺基本上可以视为一个 IP，具有自动自发的引流效果。

IP 引流	
费用指数	★★
操作难度	★★★★★
效果指数	★★★★★
适用店铺	专业店、品牌店、网红店

第 14 招　垂直内容引流

我们经常看到一些自媒体平台要求用户保持内容垂直，那么什么是垂直内容呢？

垂直其实很简单，就是专注于输出某个领域的内容，如服装店主输出关于服装穿搭的内容，餐饮店主输出关于餐饮美食的内容，家装店主输出关于室内设计、家居建材方面的专业内容。

垂直内容输出一方面为平台所鼓励，另一方面实体商家在线上持续输出垂直内容也能吸引垂直领域的精准流量，引来精准客流。

垂直内容引流与 IP 引流有相似之处，可将 IP 引流视为垂直内容引流的高级阶段。

实体店如果能在某个领域持续输出垂直内容，沉淀一批粉丝，就能实现线上粉丝向线上小店和线下门店的导流。

抖音上有很多发布服装穿搭教学、攻略的账号，都是由各类线下服装店主运营的，他们有拍摄场所、有资源，操作起来并不难，门槛很低。其账号定位主要有穿搭教学／攻略、户外街拍、素人改造、日常穿搭建议及分享、技术换装、服装评测等，其中一些抖音大号具有很强的引流带货能力。

例如，搜索关键词"服装"或者"穿搭"，不难发现那些排名靠前的账号通过持续的垂直内容分享，都积累了可观的粉丝量，视频作品各方面的互动数据也很好，附带的收益变现能力也比较强。

案例 14-1

微博达人"眼科小超人老梁"自称是北大医学博士，微博认证是某集团的眼科医生，他的微博粉丝数为上百万，日常阅读数在 10 万 +。

他最初成名于一场网络骂战，后通过持续分享眼科方面的垂直科普知识获得越来越多的粉丝关注。后来，"眼科小超人老梁"又开了实体店，涉足护眼灯、太阳镜、儿童防蓝光眼镜等相关产品的销售，其顾客多是其粉丝转化而来，店里的每款产品都有很好的销量。

对于实体店经营者而言，早期图文类的专业垂直内容的创作有很高的门槛，难度较高，不具备相应文字功底和创作能力的店主很难"玩转"。但随着各类短视频类平台的出现，垂直内容的展现形式也变得多样化起来。相对而言，视频类内容的制作要更容易，门槛更低，大多数普通店主都可以完成。

其需要解决的主要问题是如何持续性地输出原创内容，不过在垂直内容良好的引流、带货功能驱使下，大多数店主会自发地持续更新。

最后，附上罗振宇关于优质垂直内容打造的六点忠告：

第一，选好一个单品，吃透一个人群；

第二，相信"90后"，不是管理"90后"；

第三，好看不如好用；

第四，不要怕风险；

第五，重复试错过；

第六，忘记创新。

垂直内容引流	
费用指数	★
操作难度	★★★
效果指数	★★★★★
适用店铺	所有实体店

第 2 章

产　品　引　流：

选好引流产品是关键

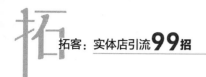
第15招 **产品主义引流**

产品主义即产品至上，心无旁骛做好产品，做深、做精、做出特色，顾客会不引自来。

百度前总裁张亚勤曾谈道："真正商业的本质并没有改变，我听说有互联网餐馆，互联网餐馆如果菜不好吃，服务不好，卫生不好，环境不好，那么采用何种互联网思维都没有用。房子建不好，设计再漂亮，再会营销还是卖不出去，最终还是质量和服务都很重要。"

经纬创投合伙人左凌烨也有一个观点，一个好的企业服务公司几乎不可能被颠覆。

对于各类实体店而言也是如此，如果在产品或服务上有独到之处，那么也同样不可能被颠覆。

案例 15-1

山东莒县有一家特色羊汤馆，店内的场面极其震撼，顾客天天爆满，一天的营业额竟能达 10 万元。

这家店为什么这样火？因为他们的羊肉好吃、不膻。

有人采访过店老板，问他店内的羊肉不膻是不是和羊有关系。店老板说，和羊没关系，他店里用的都是在当地收购的最普通的小山羊，不是散养的羊，更不是有机羊，羊肉好吃，关键是他的店里独特的做法。

做法！可谓一语道破天机。

每个地方都有几家这样的馆子——

第一，大多是苍蝇馆子；

第二，生意非常火，口碑非常好，是当地特色美食的招牌，常年都需要排队；

第三，做法独特，口感好；

第四，口感稳定，不会大起大落；

第五，加工制作方法靠家族传承来延续，不外传。

做餐饮时如果也能做到以上这几点，那么生意必然非常火爆。

做其他实体店也不例外，如果产品、服务足够吸引人、足够专业，把每一个环节都做好，都钻研透，做到极致，那么没有做不好的生意。

在北京五道口有一家名为"枣糕王"的小店，该店一直是该区域的一道风景线，无论早晚，无论天气如何，它的门前顾客总是排起长龙。当得知这家 10 多平方米的小店即将搬迁时，竟然有 200 多个投资人给店主打电话，洽谈投资事宜。

在店主陈立看来："虽然我的店只有十来平方米，但它不是夫妻店那种模式，而是专业地做生意，商业化（运营），只是规模太小而已。"

"枣糕王"的竞争力表现在以下几个方面。

1. 极致的产品

顾客喜欢的是"枣糕王"的极致口感，它们的枣糕是怎么做出来的呢？陈立说："有人问我怎么做枣糕，我说你把大枣的三个生长周期和四个组成部分弄清楚了再去做，没弄清楚就别做。材料方面，高筋面、中筋面、低筋面、富强面粉、标准面粉，还有淀粉之类，它们是怎么生产出来的？为什么要这样分？为什么不统一叫'面'？你要把条条框框根源全部都搞清楚，然后就会知道各自优点在哪、缺点在哪，该怎么去做。不怕没有方法，怕的是你不去了解掌握它。"

2. 专业的服务

这里的专业体现在动作娴熟、迅捷上，"枣糕王"每天要卖将近 2000 份枣糕，算上间歇时间，平均每 50 ～ 53 秒售出一份，工人装袋的时间在 30 ～ 33 秒，时间利用率已经到了极限。

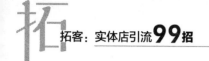

3. 稳定的口感

解决口感稳定的问题，需做到食品制作流程的标准化、流程化，将差异化降至最低。对此，陈立的观点是："稳定很重要，在食品加工过程中，对每一个可能的变化都要做到可控。"

4. 口感亲自控制，不做连锁

在电影《泰囧》中有这样一个桥段：

徐峥得知王宝强做煎饼且收入颇丰时，提出应该连锁化经营，包装上市。两人围绕这个话题有一番对话：

徐峥：你把配方卖给我吧。

王宝强：行啊，我的配方就是必须我亲自做，不能请人，不能速冻，必须得新鲜出炉。

徐峥：所以你一辈子只能做葱油饼，你知道吗？

这其实并不可笑，在一些具有匠人心态的店主看来，这种坚守恰恰是他们最真实的内心写照。

"枣糕王"店主陈立也是这样一个人，他说："我不做连锁，我做直营店，都由我自己控制，因为枣糕差一点火候就会不一样。我有我的追求。枣糕的动态变化是很大的，它不同季度的操作是不一样的，甚至每一天的早中晚都是在变化的，如果天气热，变化都按小时计算。"

5. 价格稳定

"枣糕王"做枣糕六七年，仅在 2011 年时因物价上涨，将售价从 8.8 元上调到 10 元一斤，其他时间再也没有涨过价。

无论是莒县羊汤还是"枣糕王"，都没有高深的商业逻辑，他们的生意之道非常简单，只要用心和坚持，都能学得会；但同时也非常困难，因为极少会有人能耐得住这种寂寞，下得了这种苦心。

产品主义引流	
费用指数	★
操作难度	★★★★
效果指数	★★★★★
适用店铺	所有实体店

第 16 招　差异化定位引流

国内实体店的产品、服务同质化现象严重，同行商家之间，无论是技术、设备、工艺、产品、服务、价位，几乎没有本质上的区别，营销策略也是大同小异。这样做的结果就是深陷竞争激烈的"红海"，和同行血拼。

如何才能摆脱"红海"，发现"蓝海"呢？需要进行差异化竞争，我们知道，不管什么行业，要想完全比竞争对手做得好是很难的，但如果做得跟竞争对手不一样，就相对比较容易。一旦做到不一样，做出差异化，竞争优势也就体现出来了。

差异定位，特色经营，形成竞争壁垒，打造核心竞争力，是所有实体店绕不过的一个发展阶段。再做那种常规的、没有任何差异性、让顾客"不痛不痒"的产品和服务，很难在市场上有所作为。

差异化竞争（Competitive Differentiation）是一种战略定位，即设置自己的产品、服务和品牌以区别于竞争者。差异化竞争是由"竞争战略之父"迈克尔·波特（Michael Porter）提出的。

实体店经营要想"杀出"竞争惨烈的"红海"，发现"蓝海"市场，就要进行差异化定位，借助差异化来吸引客流。

1. 定位差异化

通过差异化定位，锁定细分市场，将自己塑造成细分市场的第一，打造竞争优势。

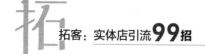

案例 16-1

　　某资深英语老师开设了一家课外辅导中心，几乎涵盖了所有课程，如小学语数外、初中六门课、高中九门课。该培训中心经过调研和分析后，选择了一个细分领域——中学英语培训，其他课程不做，坚持"单品突破"战略，将所有资源和人力都聚焦到一门课上，快速在家长、学生心中树立了所在区域英语培训第一的品牌形象。

　　如果找不到自己的差异化定位，不妨将市场细化、细化、再细化，切割、切割、再切割。

2. 商品差异化

　　商品差异化是指店铺经营的商品要具有特色，在质量、款式、功能或附加值上做到与竞争对手相区别，做到"人无我有、人有我优、人优我廉"，确保在商品上有独到之处，从而取得差异优势，引导顾客的消费偏好。

案例 16-2

　　某社区商店经营的日常百货同其他类似店面没有明显差异，但该店主很用心地筛选了一些物美价廉的特色小商品，如蚝油瓶压嘴和塑料瓶装蜂蜜。

　　•蚝油瓶压嘴。蚝油瓶压嘴是店主特意从义务小商品市场采购的，因为店主发现蚝油瓶设计有缺陷，顾客倒蚝油比较费劲，而使用蚝油瓶压嘴就会方便许多。每当有顾客购买蚝油时，店主就会推荐这款压嘴，如果顾客需要就以 1 元的价格出售。

　　•塑料瓶装蜂蜜。市场上的蜂蜜通常是玻璃瓶包装，用起来很不方便。因此，该店特意购进了一批塑料瓶包装的蜂蜜，挤一挤蜂蜜就出来了，用户使用时非常方便。

　　类似的特色产品在该店有几十种，别处很难找到，方便了顾客的同时，也增加了店铺的人气。

3. 服务差异化

相对于商品差异化，服务差异化更容易达成，也不需要额外的成本投入，适合线下实体店。

案例 16-3

李老板经营着一家果蔬副食店，对差异化服务很有心得，来看他的描述：

"零售业讲究微笑服务，但是我认为，仅仅是微笑服务是不够的。因此，在平时的经营中，我还从细节服务和超值服务上下功夫。

在细节服务上，我善于察言观色，从语言上听懂顾客的弦外之音，从神态上掌握顾客的消费心理。一天傍晚，一位女顾客来我的店里买菜。她拿起一棵白菜看了看，摇摇头又放下，这一微小的动作引起了我的注意。我忙走到白菜旁，把白菜外面的烂叶子择掉，露出干净的白菜。我双手将白菜递给那位顾客说：'不好意思，这是今天剩下的菜，不要钱了，你拿去吃吧。'那位顾客很惊讶地说：'我一个小动作你都看在眼里，老板你心真细，不要钱可不行。'女顾客非要给我 5 元钱，我把钱又退给她说：'说不要，就不要了，你以后多来照顾我的生意就行了。'女顾客听了我的话，高兴地走了。

在超值服务上，我做到了用真心对待顾客。来买蔬菜的，我顺手送给他们一小把香菜或一块生姜；来买水果的，我就送给他们一个从网上买来的削皮刀；来买啤酒的，就送给他们一个起子。"

差异化服务就是优质的个性化服务，也可称为超值服务。差异化服务的实质是顾客合理的个性化需求，让顾客高兴而来满意而去，下次再来。

最后，总结三条差异化定位的原则：

第一，尽量跳出产品层面的竞争；

第二，细分出属于自己的独家市场；

第三，提供独特的产品解决方案和服务解决方案，打造不可替代的市场地位。

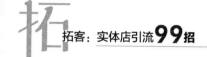
差异化定位引流	
费用指数	★★
操作难度	★★★★
效果指数	★★★★★
适用店铺	所有实体店

第 17 招　价值塑造引流

不管从事什么行业，都必须要塑造价值，必须向顾客解释你的价值所在。

实际上，顾客对商家知之甚少，因此要刻意塑造商家自身的一些独特价值点和优势，并将之传达给目标顾客。

这是通过价值塑造进行宣传引流的过程，也是一个传达商家积极经营理念的过程。

案例 17-1

2014 年，罗永浩的锤子科技发布了第一款手机 Smartisan T1。该手机上市前，锤子科技向消费者透露了以下价值点：

为了解决手机的成像品质，罗永浩找来了五十岚千秋（富士通公司总工程师，最顶尖的手机成像专家）；

为了解决产品外观设计问题，罗永浩找来了苹果公司前工业设计总监；

为了解决产品工程设计问题，罗永浩找来了前摩托罗拉顶尖工程经理出任 CTO；

为了解决手机音质的主观听感问题，罗永浩找来了国内音乐教父级人物张亚东和著名摇滚师左小祖咒来操刀主观调音；

罗永浩决定做手机后，为什么首先想到的是找这些人，而不是随意从人才市场上招募？因为这些都是各自领域的顶尖专业人士，他很清楚由这些人来操刀产品打造，才能打造出真正的充满匠心和独特价值的产品。

通过这些价值点的塑造和传播，罗永浩最终将锤子手机的工匠精神、匠心制造等核心价值主张传达给了消费者。

所以，向顾客解释商家的独特价值非常重要。

价值塑造可以从以下几个方面进行。

1. 环境衬托

环境包括店面环境，也包括商品的包装等硬件设施。例如，一个普通的商品如果使用高档的包装盒，价格可能瞬间翻倍，这是在环境衬托下产生的价值判断错觉。所以，环境对消费者价值感判断的影响是非常大的，如果能够利用环境对店内的产品、服务进行衬托，就可有效提升门店形象和在消费者心目中的价值定位。

2. 人物衬托

除了借势名人外，店主、店内专业技术人员如果在某一方面有过人之处，也可以拿来进行价值塑造。例如，某烘焙店老板是国家一级面点师，这就是一个很好的人物衬托点。

案例 17-2

西少爷肉夹馍的几个创始人都有互联网背景，这家新型餐馆也是借助互联网思维而打造的。在第一家门店推出时，该店非常注意借助人物衬托的方式进行营销和价值塑造。西少爷曾推出一项促销策略：新店开业期间对周边知名互联网公司的员工免费，那些 IT 名企的员工凭工牌都可以免费用餐。

此举一方面扩大了西少爷肉夹馍在互联网行业的知名度，因为这些行业的员工本身就有很强的互联网属性，通过他们带来了更广泛的传播效果；另一方面，这些互联网公司员工的光顾也无形中拔高了西少爷肉夹馍的品牌形象和档次。

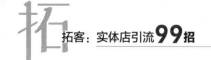

3. 材料衬托

材料衬托是指对产品和服务中所使用的独特材料或工具进行渲染，以达到通过价值塑造来引流的目的。例如，如果做餐饮，可以专门解释优质面粉、食用油、特供蔬菜的细节、数据和来历。

案例 17-3

日本北海道有一家三余庵旅馆，所有客房均以日本知名小说家的代表作来命名，如夏目漱石的《草枕》、川端康成的《雪国》、林芙美子的《浮云》等；客房内采用的是松木地板、琉球榻榻米、职人手工制作的木椅，再配以柔和的灯光，打开百叶窗，远眺连绵不绝的日高山脉，"则有心旷神怡，宠辱皆忘，把酒临风，其喜洋洋者矣"；旅馆所有设施、物件背后都刻有打造它们的职人姓名；旅馆提供的餐食会特别标明原材料的产地、种植人，包括菜品的烹制方式也都公之于众。

4. 流程衬托

流程衬托即强调产品制作及服务流程的复杂、用心程度，让消费者看到商家在背后付出的努力，也能让门店价值感瞬间飙升。其实消费者并不知道一个完美的产品、服务在打造过程中所经历的步骤和细节，如果把这些以数字、画面等直观形式展示出来，则足以让消费者感动、震惊、心动。例如，西少爷肉夹馍推出之前，为了给顾客提供最佳口感的肉夹馍，先后经过半年时间的研发，用掉了 5000 斤面粉和 2000 斤肉料，才终于研制出"西少爷"特有的配方和流程，而且利用电烤箱就可完全还原出肉夹馍的香酥口感。

360 董事长周鸿祎说过这样一番话："今天，用户不想去了解你的技术是否很牛，不想知道你的公司有什么伟大的梦想和理念，他们真正在意的是，你的产品能给我解决什么问题，你的产品能给我创造什么价值。"

线下门店也一样，不妨思考一下，你的产品和服务能给消费者创造什么价值？如何通过价值的塑造成功说服消费者？

价值塑造引流	
费用指数	★★★
操作难度	★★★★
效果指数	★★★★★
适用店铺	所有实体店

第18招　爆品思维引流

爆品是近年来的一个热词。直白来说，爆品就是指能够引爆市场的口碑产品。近年来，不仅是互联网行业，线下各类实体店也在提倡爆品思维。其实很多店铺都有自己的爆品，如麦当劳的甜筒、宜家的柜子、乐凯撒的榴莲比萨。

在产品、服务越来越同质化的时代，如果实体店能够打造出一款专属于自己的爆款产品、爆款服务，不仅能够迅速引爆客流、引爆市场，还能够提升整个店铺的营业额，还能够形成品牌效应。

爆品是能够快速引爆、提升客流、拉动人气和销售业绩的明星单品，它能够为店铺有效解决客流和现金流两大核心问题。

案例 18-1

一家做鱼皮的小吃连锁店，因为其鱼皮做得特别地道、好吃，在别处根本吃不到，因此吸引了很多顾客，同时带动了店内其他小吃的销量。这家店迅速火了起来，还在全国开了几十家分店。

案例 18-2

某烘焙店的店面只有 10 平方米，服务半径只有 2 千米，但是该店烤出的蛋糕味道异常鲜美，顾客都对之念念不忘，每天的产品供不应求。每当某款蛋糕出炉前，店门前都会排成长长的队伍，因此这款蛋糕就是当之无愧的爆品。

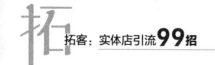

从营销引流角度，爆品可以分为两大类。

第一，流量型爆品：以快速提升店铺人气和客流为主要目的，适合暴动商圈、周年庆、新店开业等情况，多是可以用来争夺顾客、打击竞争对手的明星单品。

第二，利润型爆品：通过店员人为推荐，将顾客快速引渡到可以提高毛利和客单价的主推利润单品。利润型爆品适合已经具有商圈基础、具有一定人气和客流的门店，或者门店中已经有热卖产品的品类区。

爆品一定是店铺内的明星单品（产品、服务），至少需要在以下某一方面实现突破。

第一，品质突破。产品、服务质量比竞争对手都好，就是独一无二的爆品，如苹果手机虽然价格昂贵，但消费者依然趋之若鹜。

第二，性能突破。产品性能非常好，性价比非常高，竞争对手只能望其项背，这种产品也是爆品。

第三，价格突破。如果品质性能无法同竞争对手拉开差距，也可以采用超低价格销售，这种产品也是爆品。

爆品思维引流	
费用指数	★ ★ ★
操作难度	★ ★ ★ ★ ★
效果指数	★ ★ ★ ★ ★
适用店铺	大部分实体店

第 19 招　减法思维引流

去餐厅就餐时，面对一本厚厚的菜单，看着动辄上百道甚至更多的菜品，人们都会陷入一种选择性障碍。翻来覆去看很久，依然不知道吃什么。

这就是消费社会中普遍存在的选择难题，消费者往往会因为面对种类繁多的产品和服务而无从下手。

在 2016 年中国"互联网 +"峰会上，京东集团 CEO 刘强东透露了一组数据。他谈道："传统零售库存管理只有 5 万种，最多不超过 15 万种，沃尔玛全球的产品总数只有 15 万种，但是京东管理着超过 200 万种的库存产品，全国 200 个库房。"

传统零售将这种选择难题无限制放大化，因为它建立了实体商业不可获得的浩瀚产品体系，有着"无限"的可选择性。

对消费者而言，更多的选择未必是好事，反而会成为他们购物消费时的一个痛点。有时，替消费者做出最合理的筛选，用减法思维精简产品，给予消费者最佳选择，未尝不是一种行之有效的引流策略。

案例 19-1

谷连天是国内首家现熬八宝粥的餐饮连锁品牌，目前拥有直营店 10 余家、加盟店 20 余家，每家店面的生意都非常火爆，一位难求。

起初，谷连天的经营者也希望粥类产品种类越多越好，恨不得将所有粥都引到自己的产品线中，可随着经营的深入，创始人乔文学发现，无论餐厅提供的粥品类别有多丰富，顾客经常点的永远都是那几样，而长期位居榜首的几乎都是八宝粥。

乔文学意识到，餐饮产品并不是越多越好，于是将原来的"谷连天粥铺"更名为"谷连天八宝粥"，粥类产品从十几种精简到五种。谷连天通过更名和为产品瘦身，减少了顾客点餐时的纠结时间，大幅度提高了八宝粥的销售量；同时，店内的制作效率和服务效率也得到了大幅提升，顾客体验也得以提高。据统计，餐品精简后，谷连天的单店营业额比之前有了 20% 的提升。

在移动互联网时代，追求高效率和简单化的消费者对功能烦琐、操作复杂、选择繁多、需要动脑思索的产品和服务会越来越排斥。

案例 19-2

德国阿尔迪 (ALDI) 是一家奉行"简单至上"的连锁折扣超市，早在 2006 年，阿尔迪就迫使沃尔玛彻底退出德国市场。另外，阿尔迪还将连锁店开到了沃尔玛的"根据地"——美国，荣登美国"超市在消费者中受欢

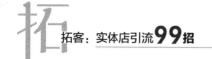

迎程度"的第一名，得票数远超过沃尔玛。

为什么在众多超市中，客户会选择阿尔迪，连沃尔玛都被打败了？

赋予阿尔迪全球竞争优势的诀窍是低价，它的商品售价比沃尔玛低15%～25%，比一般超市低35%～40%。低价的背后是简化，阿尔迪凭借"简单至上"的高效运营体系，尽一切可能降低成本、提高效率，从而实现利润最大化。

在竞争对手看来，阿尔迪的商品种类被简化到了极限，少得不能再少。通常，沃尔玛一家店里有近1.5万种货品，家乐福也有近1.2万种货品，而一家标准的阿尔迪超市只有不超过700种商品。

销售大数据显示：阿尔迪的商品越少，反而越能降低成本，且能确保零售额的提升。

这逐渐发展成了阿尔迪的核心竞争优势：严控商品数量，每个品类的商品只提供一个品牌，确保每个商品都是"爆款"。

大道至简，有时真正难的不是做复杂，而是做得更简单；不是做加法，而是做减法。

除了精简商品，有时还可以对服务做减法，比如不要过度服务。但减法不是简单的一减了之，而是要从消费者的实际需求出发。例如，有些人就喜欢被一群人围着"过度服务"，那么一味做减法就会适得其反。总之，做减法的目的是提高消费者满意度，提高消费体验，不可矫枉过正。

减法思维引流	
费用指数	★
操作难度	★★★
效果指数	★★★★★
适用店铺	顾客有选择性障碍的实体店

第 20 招　价格引流

商品、服务的价格是营销的一个重要环节，是门店输出价值的重要体现，也是吸引消费者的一个重要因素。

定价看似简单，其实不然，价格定高了，顾客不买账；价格定低了，商家没利润。定价并非越高越好，也并非越低越好，要找到顾客心理预期和商家盈利目标之间的平衡点。

实体店定价要综合以下三个因素。

第一，门店成本结构。要根据门店租赁成本、装潢成本、人员成本、档次定位等来综合判定。例如，同样的肯德基餐厅，在普通商圈的门店和在火车站、旅游景区等地方的门店其价位是不同的，这主要就是受租赁成本等影响。

第二，竞争对手定价。除非经营的是特色、稀缺性产品、服务，否则一定要调研同类型竞争对手的定价策略，得出其定价的平均值，再结合第一条推算出自己的价格区间。

第三，消费者感知。消费者感知即目标消费者对产品、服务的感知和评价，以及他们的消费能力和对价格的心理预期。通常，价格应该根据商品、服务在消费者心中的价值来定，而不是根据商家自己的判定而定。

综合以上因素制定门店的价格策略，可以高质高价，可以低价冲量，也可以价格居中。

案例 20-1

周女士新开了一家文眉店，开业前她对本地的 10 余家同档次店铺进行了暗访，算出了这些门店服务均价，周女士服务的定价最终取了该均价的 60%。由于文眉行业主要投入的是人工和手艺，其他成本基本可以忽略不计，因此通过低价策略的切入，这家小店迅速打开了市场，且其由于低价不低质，也得到了顾客的广泛认可。

在具体制定价格策略时，还可借助以下原则。

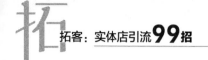

1. 平头低尾法

平头低尾法即将价格的尾数稍微降一些，如定价 20 元的商品改为 19.9 元，定价 200 元的商品改为 198 元。

这是最常见的一种定价方式，尾数稍微降一降，给消费者的感觉却好像是降了很多，这是一种心理错觉定价方式。

2. "2-7-1" 原则

新开店铺，可以采用 "2-7-1" 的价格分布原则，即 70% 的低价引流产品，20% 的中等价格确保利润产品，10% 的高定价、塑品牌产品。

当店铺经营进入成熟阶段后，可适当调整为 20% 低价，70% 中等定价，10% 高定价。

3. 对比原则

同一类型的产品、服务，要尽可能给消费者三种选择：低价、中价和高价。例如，星巴克提供了中杯、大杯、超大杯三种价位、容量的咖啡供顾客选择，其中大部分人选择的是大杯，而如果只有小杯、大杯，从概率上来说，最多只有 50% 的人选择大杯。

案例 20-2

有三家美术辅导机构，其报价分别如下：

第一家：价格 1380 元；

第二家：价格 1380 元、1580 元、1880 元；

第三家：价格 1580 元、1880 元、2580 元、5980 元。

最终大部分家长选择了第三家，因为第一家只有一种选择，价位较低，家长不想给孩子选择过于廉价的培训班；第二家虽然提供了多种选择，价位也能接受，如果没有第三家，也是一个不错的选择；但是，当家长看到第三家时，顿时就心动了，其低价位课程同前两家基本一样，但他们还有一项 5980 元的课程，这在家长看来，对方既然敢收如此高价，说明教学质量是有保证的，其档次和师资力量要高于前两家，所以尽管其起步价稍高，家长还是愿意选择。

4. 手写调价

进行价格调整时，建议用红色笔将商品原来的印刷体价格划掉，用黄色笔写上新价格，这种调价方式能从消费心理角度给顾客以影响和引导。首先，商品印刷体价格给人一种权威的感觉，而手写的优惠价格则是挑战了权威，会让顾客感觉到便宜；其次，黄色本身也能给顾客造成一种廉价的感觉，暗示效果更强。

价格引流	
费用指数	★
操作难度	★★★
效果指数	★★★★★
适用店铺	所有实体店

第 21 招　高质高价引流

实体店商品、服务的定位模式主要有四种。

1. 低品质，高价格

低品质、高价格属欺瞒性定位，多是"一锤子买卖"，很难有回头客。随着信息的日渐透明和消费者变得越来越理性，这种生意模式的生存空间会越来越小。

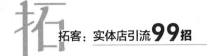
2. 低品质、低价格

这种定位模式针对的是低收入人群，其有庞大的用户基数。但随着消费者的日渐挑剔，唯有不断提升品质和服务质量，才能赢得更多的生存空间。

3. 高品质、低价格

商家凭借高品质、低价格的"爆款"产品、服务能迅速撬开市场，聚拢一大批粉丝型消费者，在竞争惨烈的"红海"市场中杀出一片"蓝海"。例如，"好市多"和"名创优品"采取的都是这种定位模式，高质微利。

4. 高品质、高价格

同以往相比，当下的消费者变得更加务实、挑剔，在他们喜欢的产品和服务上，他们不惜代价，愿意付出高价；而在那些不太重要，对他们来说无关紧要的产品上，他们宁愿一分钱不花。

进行趋低消费时，消费者会在同类、同品质、同级别产品中选择价格最低的商品。

于是，消费市场开始两极分化，呈现两个趋势：趋低消费和趋高消费。一方面，高消费、奢侈消费呈跳跃式增长；另一方面，网络购物、平价购物也正在形成浪潮。

趋高消费对应的必然是高品质的产品和服务。

高品质、高价格的定位模式引流效果会如何？消费者会买账吗？答案是肯定的，因为这种定价模式满足了消费者对高品质产品和服务的需求。

案例 21-1

中国台北东区有一家"牛爸爸"牛肉面馆，门店面积并不大，只能容纳 40 个人同时就座。但是，这里有世界上最贵的牛肉面，每碗面高达 10000 元新台币，折合人民币大概 1973 元。

《华尔街日报》曾以"全世界最贵的面？"为题对"牛爸爸"进行过专题报道，让它名声响彻海内外。

"牛爸爸"的牛肉面贵在何处呢？

第一，极致的口感。"牛爸爸"创始人王聪源为了找到更好的保存牛肉汤香味的方法，他亲身试验，几乎尝试了上千遍，甚至梦里都在分析牛肉面的做法。

第二，极致的原料。为了采购到品质最好的牛肉，王聪源从来不计较代价，"牛爸爸"选取的牛肉都来自澳大利亚、巴西、美国以及日本等原产国，每一块牛肉都有独特的造型。

第三，极度精细化。"牛爸爸"有五六种颜色的汤汁，分别是选取牛身上的不同部位熬制而成的；可供顾客选择的面条有二十多种，宽的、细的、圆的、扁的，应有尽有，还会根据顾客对面条软硬的不同要求来进行煮制。

第四，只求品质，不求规模。"牛爸爸"名声很大，但王聪源并没有想着扩大规模，在中国台湾地区只有一家店面，每天只摆出四张桌子，一天只供20个客人就餐，重在品质，重在客人满意，而不追求数量。

王聪源表示："我们不会让更多客人同时就餐，客人数量如果上升了，我就会提升面的价格，甚至把店面转到更加偏远的地方。很多人觉得这完全不合乎做生意的逻辑，可是我觉得，一个厨师煮十碗面，和三个厨师煮一碗面相对比，区别肯定很明显。"

这就是高品质、高价格的逻辑——
（1）极致的产品品质；
（2）极致的顾客服务；
（3）极致的产品定价；
（4）极致的专业精神；
（5）极致的消费体验。

极致的低价和极致的高价也是一个很好的引流切入点，瞄准的是相对高端的顾客。

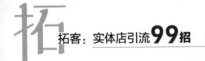

高质高价引流	
费用指数	★★★
操作难度	★★★★★
效果指数	★★★★★
适用店铺	高端、稀缺类实体店

第 22 招　创新迭代引流

欧洲"营销之父"夏代尔称："要么创新，要么蒸发。"

有些人喜欢把"实体店生意不好做""实体店即将消亡"挂在嘴边，但实际上，被淘汰的永远是反应慢、适应能力低、营销手段陈旧的实体店，而那些不断创新产品和服务模式、强化消费体验、不断迭代更新的实体店必将生存并更好地发展下去。

当下，实体店正面临大洗牌，经过转型调整，实体店不仅能够拥抱未来，与电商共舞，而且充满希望和活力。

不过，这种未来属于那些与时俱进、主动转型、敢于创新、勇于自我革命的实体店。

鸡蛋从外部打破是人的食物，从内部打破是新的生命。

不破不立，实体店的新生源于经营者创新的决心和行动力。

在商品、服务同质化严重、供过于求时，商家只有通过不断创新才能持续吸引消费者。

雷军的互联网思维"专注、极致、口碑、快"七字诀中有一个"快"字，意味着快速反应、快速增长、快速满足用户需求。

快，意味着高效率。互联网时代，一切都变得很快，信息的传播速度很快，产品的更新很快，芯片的更新很快，物流的送货速度很快。只有快速创新，才能得顾客的心；只有更快，才能让顾客"尖叫"。

案例 22-1

　　母婴市场瞬息万变，山西某孕婴连锁店一直在进行迭代创新，其创新精神同互联网公司相比不遑多让。

　　据了解，该店为了更好地满足顾客需求，提供更好的消费体验，先后经历了 1.0 时代（写字楼店）、2.0 时代（街边连锁店）、3.0 时代（情景体验店）、4.0 时代（互联网型孕婴店）、5.0 时代（智能化孕婴店）。

　　2020 年，该店进一步创新升级，进入了 6.0 时代（轻奢智能店），将时尚元素融入了母婴文化，店面规划、视觉设计、货架陈列、灯光效果、情境体验等都有了全面提升，店内氛围更适合新时代的宝妈。

　　6.0 时代的新型门店更加注重顾客的场景体验及娱乐化，是全方位、多功能的孕婴生活体验馆。

　　消费者来店里不仅可以购物，还可以在早教老师的帮助下进行亲子娱乐互动体验，大大提升了顾客的参与感。在店内，顾客可以全方位地感受商品、服务的魅力，宝宝可以在早教区、玩乐区中探索、感知、分享。

　　实体店的创新不是彻底自我颠覆，更多的应当是微小改进、快速迭代，以互联网手段收集消费者反馈意见，迅速改进产品、服务，进行再传播。随着功能、服务及产品线的完善与扩充，逐步扩大目标人群。但是，所有的创新迭代都必须以目标消费者的需求为基础，可参照以下步骤。

　　第一步：观察消费者。仔细观察消费者在移动互联网时代会遇到什么样的烦恼、不便和麻烦，能怎样解决这些烦恼、不便和麻烦，怎样给他们带去更为简洁、更为便捷、更为省时、更为低价的解决方案。

　　第二步：融入消费者。把自己当作消费者，加入他们的群组，去倾听、发现他们的抱怨、要求，听听他们自己渴望的解决方案。

　　第三步：换位思考。把自己彻底装扮成目标消费者，去模仿他们的生活习惯，去使用、体验消费者的生活情境，以同理心去模拟他们的消费场景。例如，宝洁公司的产品研发人员会同消费者一起生活十余天，近距离观察他们的行为模式和潜在需求。

　　第四步：邀请参与。必要情况下，可以让消费者参与到产品、服务的配置、

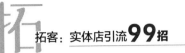

设计中，以凸显他们被隐藏的真实需求，然后同产品的可行性进行一一甄别。

第五步：**做出模型**。根据上述步骤得出的结论，尽快做出一个产品或服务原型来，让消费者进行小范围使用、体验，及时发现并解决问题，完善产品和服务，快速反应，赶快迭代。

迭代创新引流	
费用指数	★★★
操作难度	★★★★
效果指数	★★★★★
适用店铺	所有实体店

第 23 招　挑选顾客引流

日本商业界有一句名言："谁都能去的店铺，就是谁都会离开的店铺。"这句话传达的是什么信息呢？店铺要敢于挑选顾客，才能更好地服务目标顾客，才会生意兴隆。

案例 23-1

日本熊本县有一家名叫 Kawazoe 的餐厅，其推出了一款"日本最贵的烤牛肉"，并直接在菜单主页上这样注明："拒绝年收入 2000 万日元以下者享用。"

谈及原因，餐厅主厨称，低收入穷人的舌头早已被各种化学调味品和食品添加剂所麻痹，无法品尝出餐厅精心打磨的产品，而且他们更倾向于仅凭价格来衡量食品的价值，无视厨师的热情。

这种做法固然有炒作之嫌，但不可否认，这样反而更能吸引准客户的好奇心，甚至激起其他顾客的逆反心理，非要去享用不可。我相信，对于上门顾客，店家也不可能真正核实其收入，并以此为借口将其拒之门外。

挑选顾客表面看是一种宣传引流的手段，本质上则是用来渲染门店的格调、产品和服务的档次。

有些对产品品质特别自信、对自家口碑特别在意、对顾客特别关心的商家还会以另一种方式来挑选顾客——限制顾客的消费形式。

案例 23-2

韩国有一家经营历史已达百年的老泡菜店，名气很大，做出的泡菜品质独一无二，所以深受客人的喜欢。可是，这家店对顾客却有一项特殊要求：不允许顾客买了泡菜去送人。

这是为什么呢？

一天，一位老顾客进到店中，要求店主为自己包一些泡菜，得意地说："我要将这些泡菜带给我的朋友，三天后他就可以吃到你家百年传承的正宗泡菜了。"

没想到，老板一听客人要在三天之后才能将泡菜送到朋友手中，断然拒绝了卖泡菜给他。客人非常不解，说："难道你家的泡菜不能送人吗？"

店主却说："不是不能送人，而是不能三天之后再送，因为在你放置泡菜的这几天时间里，泡菜势必会产生变化，这会影响到它纯正的味道，如此也就不再是我们店里的泡菜了。你的朋友吃了，只会记住我们店变质泡菜的味道，这不但会有损泡菜自身的品质，也会影响我们泡菜店的声誉，这是我们所不能容忍的。所以，我宁肯不做这笔生意。"

这是一种对顾客认真负责的经营理念，也是对自己产品负责的精神，为了追求产品品质而苛刻到去控制它的去向以及食用方法、食用时间，为了口碑甚至不惜限制顾客消费，宁肯不做这笔生意也不自砸招牌。

这才是"挑选、限制顾客"的真正用意所在。

挑选顾客引流	
费用指数	★
操作难度	★★★★★
效果指数	★★★★★
适用店铺	所有实体店

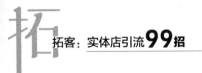

第24招　退货引流

在电商杀入市场之前，线下商家很少有"退货"这一说，有些商家甚至也不同意换货。

近年来，在电商无条件、无理由退货政策的倒逼下，很多实体商家也逐渐开始推行退货政策。

但即使同意给顾客退货，线下退货的过程也远没有电商退货那么省心，基本不会太顺当，因为退货就要涉及再次进店，而商家在退货过程中多半不会有很好的态度，一场退货最终弄得商家顾客之间不欢而散。

其实，退货环节也是一个重要的流量入口，一些聪明的商家很善于借助该环节进行退货营销。

案例 24-1

信誉楼百货是起家于河北一座小县城的区域性百货公司，目前在河北、天津、山东一带拥有数十家店面。

在信誉楼百货中有一套独特的"退货哲学"，顾客购买的商品，无论是衣服还是鞋子，包括超市的食品、日用品，都随时可以退货。在信誉楼甚至出现过这样的案例，有顾客花几百元买了一双鞋子，穿了一个多月还是感觉磨脚，无奈就拿回去退货，结果竟然也顺利退了。

笔者也有过这种退货的亲身经历，一次陪朋友去退一件衣服，客服人员只是简单查看了一下，态度非常友好，当即表示可以退款，去收银台结算时，还赠送了朋友一包抽纸。

这种退货体验出乎预料，不得不佩服信誉楼百货决策者的格局和境界。这种"无底线"的退货政策看似商家吃亏了，其实不然。这种无障碍退货政策会大大降低顾客的消费障碍，让他们没有任何后顾之忧，因此也就更容易做出消费决定。

实际上，退货的顾客终归是少数，即使有退货，对商家收入的影响也是微乎其微。但是这种"退货哲学"带给顾客的信任感、放心感、安全感是无价的。

从顾客消费心理上看，顾客选择退货，不管出于什么理由，多少都会有内疚或不好意思的心理。退货时，如果商家表现出一种很不情愿、很不耐烦的态度，那么顾客的这种内疚感就会被抹平，互不相欠，今后再次消费的概率也基本上为零；但如果商家在受理顾客退货时善待顾客，给予超预期退货体验，就会让顾客的内疚感更加深化，甚至找机会通过再次消费或口碑推荐的形式来回报商家。

不同的应对方式，付出的成本完全相同，但带来的效果却截然不同。既然如此，何不以更友善和积极的态度去处理退货呢？

退货引流	
费用指数	★
操作难度	★
效果指数	★★★★★
适用店铺	大部分提供实体商品的实体店

第 25 招　工匠精神引流

在日语中，"匠"称为 Takumi，意指耗费大量时间、精力、资金，以极致的工艺打造器物。从日本江户时代以来，历经几百年的锤炼，"工匠精神"已然成为日本经济走向繁荣的重要支撑，是日本商业精神的象征。

国家缺乏百年老店，商家缺乏工匠精神，背后反映的其实是缺乏具备工匠精神的经营者和匠心意识的店员，他们的经营态度和服务态度多是诸如"大概""可能""差不多""好像是""或许吧""我也不是很清楚"此类，多是以"混""糊弄"的心态在对待事业，对待顾客，缺乏最起码的责任心和敬业精神。

如此做生意的态度必然会带来诸多恶果，如商家竞争力不足，难以为市场和客户提供有竞争力的产品和服务。

工匠精神提倡的是对待事业严谨、认真、一丝不苟，要耐得住寂寞，忍得

住长时间的煎熬，专注于自己经营的领域，苦心钻研，精心打磨，不断完善、精进。

具有匠心的店家，对自己提供的产品、服务，乃至顾客，从来都是充满热爱的。

案例 25-1 ●

上海有一家"阿大葱油饼"，店主叫吴根成，人称阿大，他做了30年葱油饼，是濒临绝迹的上海老手艺人，被誉为"中国葱油饼之神"。

"阿大葱油饼"每炉只能做20个葱油饼，耗时30分钟，每天限量做300个。无论严寒酷暑，无论外边排的队伍有多长，顾客有多么"怨声载道"，阿大始终严守时间和工序。"没法快啊，快了外面焦里面不熟，猪油没化掉，口味就两样了。"

"阿大葱油饼"所在的小巷每天都人潮涌动，有人甚至赶早班地铁、哪怕排上五个小时的队也要一饱口福。

30年不断精进的手艺是对顾客的尊重，也是对自己的负责。阿大的坚守为他带来了丰厚的经济收入，他在上海先后买下三套老洋房。

有人想出钱买他的技术，也有人想出高价开连锁店，但都被阿大拒绝了。在阿大看来，他的手艺并没有什么秘密。阿大说："这东西要用心做，都好吃的。"

古人常说："技进乎道，艺通乎神。"商家打磨自己的产品和服务，就是要达到这种出神入化的境界，通过长期的坚守，"用心、入神"地去对待自己的事业，去对待顾客，倾注所有情感，让每一项服务、每一件作品都是活的，充满生命。

无论是经营何种形式的实体店，都需要有这样一种姿态：精进产品、精进服务、精进自己，以一颗匠心来打磨自己的事业，打磨自己的心和生命。

在这个快节奏、凡事追求速成的时代，我们当时刻谨记：始终如一地坚持本心，长时间如一日专心致志地精进产品、提升服务，才是店家立根之本。

1. 精益求精

日本"寿司之神"小野二郎做寿司时不是单纯地做，而是把寿司当成了一件艺术品在不断地雕琢，在繁简之间追求一种极致的升华。在他的眼中，从来没有最好的寿司，只有更好的寿司。

追求精益求精，坚持并专注于自己的事业，或许短期之内并不能给我们带来最大的利益，但"风物长宜放眼量"，每一个人，每一个商家，活在当下，为的都不是缅怀过去，而是让未来的"今天"过得更好。

2. 用心

工匠做事务必"用心"，用心做产品，用心服务顾客。就如"寿司之神"小野二郎所说："任何事情都怕'用心'，只要'用心'，就没有做不好的事业。"

3. 敬畏、入魂

在匠人眼中，产品不是死的，而是活的，是有灵气、有生命、有魂魄的。

不同的态度铸就不同的人生，用匠人的眼光看待经营和用商人的眼光看待经营，看到的会是两种截然不同的风景。

匠人有匠心，匠心铸匠人，工匠精神，本就应该是所有实体店经营者应该秉承的气质与器量。

4. 止于至善

何为止于至善？来看以下案例。

案例 25-2

鼎泰丰是中国台湾地区的餐饮品牌，其主打产品是小笼包，价格高昂，

一屉小份的小笼包有五个，其中蟹黄包的售价为88元，而一份松露包的售价高达168元。

鼎泰丰做的小笼包被称为"全球第一包"，其台中店曾在一天内接待了超过3000名食客，翻台率最高纪录是19次，被美国"纽约时报"评选为全球十大餐馆。

鼎泰丰小笼包制作过程的每一个环节都充满了匠心：

鼎泰丰的每样餐点都有SOP（Standard Operation Procedure，标准化作业程序），且每个环节都规定了标准"温度"。例如，元盅鸡汤和酸辣汤的最佳温度是85℃，如此才不至于烫口；肉粽则必须提高到90摄氏度，确保猪肉块熟透。

主打产品小笼包制作标准极其严格，必须坚持"5克的皮，16克馅，18个褶，总质量要达21克，入蒸笼4分钟后才可上桌"的标准。每个包好的小笼包，质量只允许有0.2克的差距。为了确保产品的标准化，包前的材料和包完的成品都要测量。

包个包子而已，有必要这么"较真"吗？

鼎泰丰接班人、董事长杨纪华的回答是："只要是客人体验接触到的东西，我们都尽可能提供最好的，止于至善，就是这个意思。"

工匠精神引流	
费用指数	★★
操作难度	★★★★★
效果指数	★★★★★
适用店铺	大部分实体店

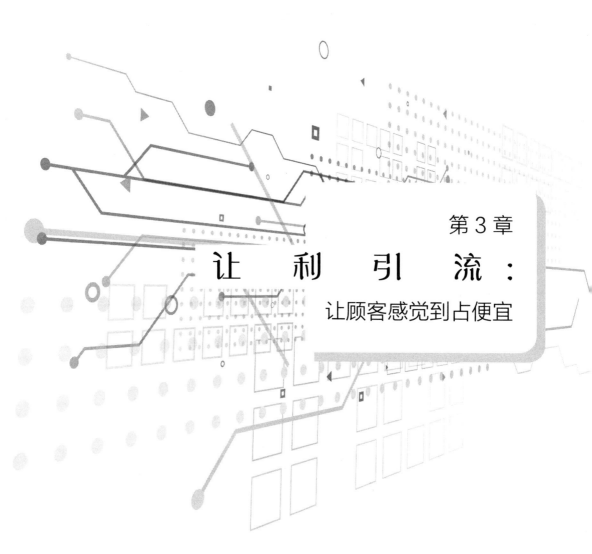

第 3 章

让 利 引 流 ：

让顾客感觉到占便宜

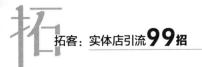

第26招　超低价引流

　　超低价引流，即拿出店里的一两款产品，定一个极低的充满诱惑力的价格，以成本价或低于成本价的方式销售，不考虑盈利，目的是吸引顾客，进行低价引流。

　　如今的顾客越来越精明，都想占商家的便宜，没有便宜的事情很难激起他们的消费动力，他们是否走进店铺的一个重大决定因素为是否有利可图、是否有便宜可占。低价引流正是利用了顾客的占便宜心理，给他们提供一个进店的契机，如淘宝、拼多多上的9.9元、19.9元包邮等促销活动，目的就是获得足够的流量。当店家成功蓄客之后，可以打造私域流量池，实现进一步的销售和转化。

　　线下实体店的低价引流经营手段也很常见，如：

- 超市派发的商品目录彩页，上面总有几款醒目的超低价商品；
- 餐厅门口或大堂的海报上推出的1元、9.9元特价菜；
- 水果店在店铺醒目位置张贴的价格标签——10元3个火龙果；
- 美妆店推出的1元超低价面膜；
- 肯德基的疯狂星期四促销活动中的9.9元、19.9元特价产品。

案例 26-1

　　潍坊张家牛肉汤是一家百年老店，属当地的招牌美食。该店每天一到饭点，都是顾客盈门，生意长盛不衰。

　　这家店的核心竞争力，除了味道好，还有至关重要的一点：料足肉多，18元一碗的牛肉汤足足有三两优质牛肉。

　　另外，其价格相对便宜，同类牛肉汤通常肉少粉丝多，与张家牛肉汤相比，没有任何性价比可言。

这家百年老店有自己的产业链，从养牛到运输再到屠宰，一条龙全掌握，这样就将原料成本压缩到了最低。最后，将全产业链挤压出来的利润呈现在了低价质优的牛肉汤上。

商家非常厚道，18 元一碗的牛肉汤就放 18 元的牛肉（相对于同行从市场购买牛肉的价格），这样就将价格压到了最低。但是，由于商家良好的成本控制功底，其仍能赚取微利。再与竞争对手相比，优势就会体现出来，谁还能与之竞争。

牛肉汤可以不赚钱，或者只是微利，但顾客被吸引过来后，就可以在其他关联产品销售上赚取利润。

注意，采取超低价引流措施时，低价不是目的，其最终目的有两个。

第一，将顾客吸引过来，带动其他产品或服务的销售。例如，餐厅推出的特价菜效果最明显，因为顾客基本上不会只点一个特价菜，他们只要进店就会带动其他菜品的销售。

第二，同顾客建立链接。如果顾客只是奔着特价产品而来，对消费其他产品或服务暂时不感兴趣，则可以通过添加微信、加入会员等形式同顾客实现深度的捆绑链接，以便日后的推广与销售。

超低价引流是通过降低消费门槛来实现快速引流，在具体实施时要把握好以下两个要点。

第一，价格要有冲击力，对顾客有十足的吸引力。如果定一个"高不成低不就"的价格，将很难达到预期效果。

第二，低价不能低质。要让顾客感觉特价商品是真正物有所值、物超所值，切不可拿次品来糊弄顾客，否则一旦质量体验不好，那么结局就是"赔了夫人又折兵"，成本付出了还没有获得好结果。

超低价引流	
费用指数	★★★★
操作难度	★
效果指数	★★★★★
适用店铺	餐饮店、超市、水果店

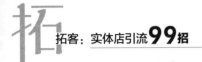

第 27 招　引流款产品引流

微信虽是免费使用的，但这并不妨碍腾讯借助微信来盈利。这是因为腾讯不向微信普通用户收费，而是通过微信免费模式聚集而来的庞大流量来进行商业变现，如游戏、广告等。

同样的道理，店内最吸引顾客的产品、服务不一定是最赚钱的产品、服务，但一定是店内最好的引流产品，其功能定位并不是赚钱，而是引流获客。

所以，可以拿出店内的一款或几款引流产品，以微利甚至于亏损的定价先把客户吸引过来，带动店内其他产品的销售，再通过其他产品销量的提升来弥补引流款产品造成的利润损失，实现总体上的盈利。

例如，超市新店开业，推出超低价的鸡蛋，吸引顾客前去抢购；餐厅推出的每日一元特价菜等。

引流款产品还会产生潜在的积极暗示效应。例如，你开了一家小卖部，其他同类商家可乐都卖 3 元，你的售价为 2.5 元，这会给顾客一种心理暗示：这家店其他商品肯定也便宜，从而能带动整体销售。

案例 27-1

河南开封的一家小超市客流量不多，处于艰难维持状态。一天，老板突然想到顾客较少的原因，可能是商品太贵或必需品太少，他据此做了一项设计。

搜罗出超市内的 21 款产品，如毛巾、牙刷、牙膏等日常消耗品，作为特价引流品，每日推出 3 款，每周循环一次。特价商品原售价为 10 元左右，现定价为 1.99 元，这些产品成本价多在 2 元以内。

第一天，该店准备的 300 件特价产品仅仅一个小时就被抢购一空。另外，很多人购得了特价产品后，往往还会顺带购买一些其他不打折的商品。

第二天，该老板在所能用到的所有推广媒介上都发布了类似的广告：20 余款日常商品，原价 10 元，现仅售 1 元，数量有限，先到先得，售完即止。

经过一段时间的活动，周边消费者甚至都在提前打听该店接下来的特价产品有哪些，极大地带动了周边顾客的重复进店率和复购率。

引流款产品的设计要遵循以下三个原则。

1. 折扣力度要稳准狠

一般的折扣很难抓住顾客眼球，既然明确了引流产品的定位，那么折扣力度上就要做到稳准狠，以超出顾客心理预期的折扣力度对顾客形成强刺激，迅速达到引流目的。例如，原价 9.9 元的小食品，特价 0.99 元；原价 5 元的羊肉串，特价 0.1 元。

2. 限量供应

特价引流产品要限量，一是出于控制成本的考虑；二是避免一些别有用心的顾客钻空子，白白付出一些成本，而无法带来关联产品的销售。

3. 产品、服务分类

将门店所有产品、服务进行功能性划分，可分为以下几种。

第一，引流款，目的是引流，可以不赚钱，甚至亏钱。

第二，普通款，即平价产品，正常销售即可。

第三，利润款，这是一个店铺真正的营利点所在。引流款与平价款（普通款）给客人造成了店里产品物美价廉的先见印象，利润款即便价格略高，但在合理可以接受的范围之内，绝大多数顾客不会再换店铺购买，一般是发现有需要的产品，未做比价便直接购买。

第四，形象款，目的也不是盈利，主要用来提升店铺档次、形象，相当于镇店之宝，多是售价高昂的稀缺性产品。

只有做好产品矩阵分布，才能够将引流款产品的效用发挥到最大化，不仅要实现引流目的，还要实现盈利。

引流款产品引流	
费用指数	★★★
操作难度	★★
效果指数	★★★★★
适用店铺	非冷门类实体店

第 28 招　赠品引流

实体店的赠品营销一般有两种模式。

（1）**先买后赠**：顾客在店内购买某产品，就可以得到一些赠品。先买后赠的目的是促进现场销售，表面看并没有引流的目的，但如果选对赠品，则能有效锁住顾客，实现后续引流。

通常，如果赠品是实物，则引流效果一般；但如果赠品是代金券、优惠券，则顾客再次光临的可能性就会大大增加。但是，单纯的代金券赠送也很难在现场打动顾客消费，因此赠品可以折中为"实物＋代金券"的组合。

（2）**先赠后买**：先赠送的可以是实物，通过吸引顾客到店领取的方式达到引流的目的；也可以是免费体验券、代金券等赠品，吸引顾客前来消费。

赠品的目的是引流，选择赠品时，要时刻牢记这个初衷。

1. 选择赠品的基本原则

第一，低成本，高价值。赠品只有让顾客感觉到价值比较高，才会有吸引力。对商家来说，则应做到采购成本比较低，少花钱多办事。

第二，同经营领域相关联。赠品一定要和店内的主营产品、服务相关联，才能带来关联消费。

第三，赠品是潜在顾客的刚需。几乎用不到、可要可不要的赠品通常吸引力不大，设置的赠品最好是顾客日常生活中一定要用到的，为刚需型产品，否则客户也不会感兴趣。

2. 赠品成本的核算方式

价值太低的赠品缺乏吸引力；价值太高的赠品会增加推广成本，可能得不偿失。至于如何确定赠品的标准和成本，不同店家情况不同，不能一概而论，但可以从投入产出比的角度去核算。

案例 28-1

某汽车维修店老板进行过一项统计，以一年周期计，一个固定的老客户，洗车、保养、维修、美容等各项服务做下来，大概要消费 3000 元。

根据以往到店顾客的转化率（由新客到常客）大概在 30%，即每来 10 名新顾客，能沉淀下 3 名老顾客。

根据这种客单价和转化率，该店设计了一套赠品引流方案——

其赠品为 6 次免费洗车券，洗车成本大概 5 元，市场售价 20 元，赠品总成本为 30 元。如果定向发放 100 件赠品，即使转化率为 1%，那么也能为店里带来 3000 元的收入；如果能达到更高甚至 30% 的转化率，那么引流效果就会非常惊人。

最关键的是，从成本上核算，以上赠品的成本对商家而言是完全可以承受的。

从赠品本身的吸引力来看，价值 100 元的 5 次免费洗车对有车一族有着非常大的吸引力。

从转化率的角度反推赠品的成本，能大大降低营销成本超支的风险。

3. 尽可能采取不定时送赠品的方式

传统实体店最头疼的问题是顾客完成一次消费后即告流失，商家无法与顾客形成长久的黏性。

针对这种情况，可以采取不定时送赠品的方式来锁客。例如，某饭店推出了这样的赠送方案：顾客消费 100 元赠送啤酒 100 瓶，每次限量使用 10 瓶的

赠送额，这样就至少锁定了顾客 10 次进店的机会。当然，有些顾客会放弃这些机会，但这种方式无疑会让顾客再次消费的概率大大增加。

赠品引流	
费用指数	★★★★
操作难度	★★
效果指数	★★★★★
适用店铺	所有实体店

第 29 招 超级赠品引流

在充分竞争的领域，寻常的赠品未必能够打动消费者，必要时可以加大砝码，放一些大招，启动超级赠品引流方案。

案例 29-1

某社区水果店设计了一套超级赠品方案，顾客只需花 49 元就可以成为会员，进入会员微信群，有定期优惠信息推送。

新会员享有以下赠品大礼包：

（1）价值 50 元的消费券一张，无任何门槛，可同店里其他优惠叠加使用；

（2）价值 29.9 元的水果刀具一套；

（3）特价购买苹果权益，正宗红富士苹果，其他店售价基本都在 4 元以上，会员可享 1.98 元的特价购买资格；

（4）赠送附近餐厅价值 199 元的啤酒券；

（5）赠送某影院 9.9 元观影券 3 张。

如果会员顾客能够推荐 3 人成为新会员，将再次获赠 50 元的消费券一张，其效力等同以上，无门槛使用。

以上赠品方案的吸引力如何呢？

首先，顾客没有任何风险，入会门槛也非常低，只需付出 49 元就可享受，即便是城市普通家庭，49 元也不过三两天的水果费用支出，并没有过大的负担。如果还能顺便享受一些其他看得见摸得着的赠品、优惠，那就有"致命"的吸引力。

具体来看，赠品中的水果刀和特价购苹果资格是实打实的权益，而（4）（5）项中赠品的吸引力要稍弱一些，但对于有此类需求的顾客也有不小的吸引力。

再从成本角度分析，苹果的进货价要低于 1.98 元，因此还有微利；水果刀的进价可以控制在 10 元以内，注意质量不可太差。

关联赠品则可以从异业联盟商家那里获得，大多商家都愿意进行这种整合引流合作。

因此，即便从赠品的角度衡量，水果店也不至于亏损，最重要的是此举能够有效锁定顾客，激励顾客去转介绍，实现客流量的裂变，带来源源不断的复购和新客流。

超级赠品除了要满足赠品属性外，如低价格、高价值、关联性等，还需满足以下几个要求。

第一，让顾客无法拒绝，即对顾客要有明显的好处，错过了就是一种损失。要达到这种效果，最少要提供三种或三种以上的赠品、权益。

第二，将畅销品作为赠品。很多商家为了清理库存，往往将滞销货拿来做赠品。殊不知，滞销货之所以卖不动，就在于大部分顾客不喜欢，将它们拿出来做赠品也同样难以打动顾客。那么，不妨将最畅销、最受欢迎的产品、服务拿出来做赠品，表达自己的诚意。

第三，关联商家的赠品也要尽可能做到实在，能够给顾客带来无门槛的利益，尽量避免鸡肋性、套路性的优惠券。

超级赠品引流	
费用指数	★★★
操作难度	★★
效果指数	★★★★★
适用店铺	高频次、快消类实体店

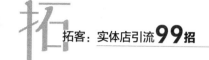

第30招　限时抢购引流

限时抢购是电商平台常用的一种促销引流方式，即在某一个固定时段提供一些价格超低的引流商品，让买家于同一时间抢购商品的一种促销方式。

限时抢购作为一种营销工具，以限时特卖、售完即止的形式定期定时推出商品，以最大让利形式来刺激消费。

限时抢购是一种强刺激、见效快的促销引流工具，其优势主要表现在：

第一，能够迅速引爆流量，提高到店客流量；

第二，提高购买转化率，快速提高销售额；

第三，能够促进关联产品销售；

第四，能够提升门店的知名度和影响力，被更多顾客所熟知，拓展潜在客流。

通过抢购刺激客户更多消费，帮助商家吸引更多的客源，迅速引爆流量，提高购买转化率，进而提高店铺的营业额。

案例30-1

某社区水果店，每天下午3点都会进行一场为期半小时的限时抢购活动，在门店张贴抢购信息，并在微信朋友圈发布，每次限一款时令水果。

店主选择的抢购时间很有讲究，因为该时间孩子们还没有放学，一些负责接送孩子的家长、全职妈妈通常比较清闲，有时间去逛菜市场、水果店，抢购完后正好去接孩子，两不耽误。

还有更重要的一点，负责接孩子的这些家长往往要负责一个家庭日常蔬菜、水果的采购。

后来，因为该水果店经常做抢购活动，以至于周围的顾客都养成了这样一个习惯：每天下午3点都会主动前往水果店，看有没有特价水果。

成功的限时抢购引流活动需要满足以下五个要素。

1. 设定抢购时间

设置好活动的开始时间、结束时间，一定要有起止时间，才能在短时间内引爆客流。

2. 设定抢购商品

限时抢购尽量不要覆盖门店所有商品，除非能确保利润，否则带来的结果很可能是抢购的时段店内人潮涌动，非抢购时段无人问津，店内冷冷清清。所以，要设定好一款或几款商品以供抢购。

3. 提前备足货

对于抢购的商品要备足货，让抢购的顾客都能有所收获，避免空手而归。

4. 设计限时抢购规则

限定抢购资格及参与次数，如是所有进店顾客都可以抢购，还是特定渠道而来的顾客才可以抢购。

5. 数据分析

抢购活动结束后，要及时做好数据分析，如客流量、销量、销售额、利润等数据，以便优化改进。

限时抢购引流	
费用指数	★★★
操作难度	★★
效果指数	★★★★★
适用店铺	高频类、快消类实体店

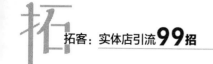

第31招　**优惠券引流**

优惠券是一种传统的营销引流工具，在营销领域已经风靡一百多年。1894年，可口可乐公司首开优惠券营销先河，该公司当时制作了一批手写优惠券用于促销。

从此，优惠券作为一种促销工具开始被各类企业、商家普遍使用，至今依然不过时，仍被各类商家采用。时代在变，人性却不会变，优惠券正是迎合了人性的弱点——贪图便宜的心理。

优惠券是店家引流的一大助力器，它的营销优势表现在：

第一，同直接打折相比，有助于引导顾客提高客单价、复购率；

第二，覆盖人群广，能够吸引大多数人的注意，对于新顾客可以促进消费，对于老顾客则可以刺激回购；

第三，能够有效抓住顾客的消费心理——手中握有优惠券，就要设法尽快使用，否则就是一种损失，容易带来冲动型消费。

优惠券能否达成预期的引流、促销效果，取决于如何发放优惠券。

案例 31-1

某餐厅推出一款现金抵用券，不能免费索取，顾客需要花钱购买，20元可以获得100元面额的现金抵用券，同时获赠一款售价99元的户外保温壶。

这项交易表面看，顾客得到了优惠券；实质则是顾客用20元买到了一款售价99元（成本价20元）的保温壶，同时获得一张100元面额的代金券。

而顾客的心理反应则是水壶是赠品，代金券是自己购买回来的，因此会格外珍惜，不会随意丢掉，拿去消费的概率要大大高于免费获得的优惠券。

另外，商家对该优惠券还有限定条件：100元的优惠券可以分三次使用，分别可用20元（消费满100元可用）、30元（消费满150元可用）、50元（消费满 200 元可用）。

这样，顾客要想将所有优惠券用掉，就会被餐厅锁定追销三次。

优惠券不可随意乱送，要满足以下几点要求。

1. 设置门槛

根据店铺情况及客单价来合理设置优惠券的获得门槛、使用门槛，从而实现进店率和客单价的提升。

2. 精准发放

精准发放有两层含义：

第一，要尽可能发放给有消费意向的潜在客户；

第二，针对不同消费能力、消费频次的顾客，发放额度不同、频率不同的优惠券。

3. 作为会员管理的辅助手段

优惠券的发放可以同店铺的会员管理措施结合起来，使之成为会员管理、顾客关系维护的一种辅助手段、福利手段，加大对老顾客的维护和关怀力度。

优惠券引流	
费用指数	★★
操作难度	★★
效果指数	★★★★★
适用店铺	大部分实体店

第32招 追销引流

追销，即说服已消费顾客二次回购或介绍新客户。

实体店引流的目的是吸引顾客到店，进而促成交易；而追销则是让头回客变为回头客。

在营销领域一直有这样一个观点——90%的利润在后端，即在于已经成交的老顾客。如果好不容易吸引来的客流只成交一次，然后又费心费力寻找新客户，那么就等于浪费了老顾客的终身价值，浪费了90%的后端可追加利润。

通过追销的方式引流（回头客流）是一种性价比更高、效率也更高的拓客方式，原因在于：

首先，商家不需要再投入营销成本去获取顾客，因为顾客就在我们的店里、顾客通讯录里、微信群里，推广信息随时可以触达他们；

其次，不需要再次付出构建信任的成本，通常顾客和商家之间第一次的信任是最难建立的，不过一旦突破信任关系，那么后续的关系维护、追销等都会非常轻松；

最后，商家可以不断满足顾客的新需求，不断追销，锁定顾客，实现单个顾客价值的最大化。

其实，追销并不神秘，也不是很难，来看两个常见的案例。

案例 32-1

某理发店，顾客理完发准备付款，理发师告诉顾客："你这次理发其实可以免费的。"

顾客："嗯！什么意思啊？"

理发师："是这样，我们现在有一项优惠，只要充值200元，就可以成为会员。这样不仅这次理发免费，以后也可以享受八折优惠。"

顾客一揣摩，优惠不少，于是选择充值。

案例 32-2

　　某书店，顾客买了一本销售方面的书，当结账时，收银员随手拿起了收银台附近的一本书，说："先生，我看您是做销售工作的吧。您选的这本书非常不错，这里还有一本同类书，您看，都上我们的畅销榜了，读者普遍反映都不错。而且，这两本书总价满 50 元了，可以享受八折优惠，只买一本的话没有优惠。"

　　顾客扫了一眼那本书，确实是自己需要的题材，而且还能享受折扣，便两本一起买了，店员追销成功。

　　追销是一个不断挖潜，也是不断给顾客创造价值的过程，具体实施时要注意以下几点。

1. 把握好时机

　　最好的追销时机是在顾客消费后，而不是在选购中，否则，在顾客还没有确定是否消费的情况下就贸然进行追销，很可能竹篮打水一场空。

　　如果顾客对第一次消费满意度较高，那就更适合进行追销。

2. 把握好额度

　　追销商品、服务的价格，追销价格的高低要根据双方的信任程度来定，同时也要考虑顾客首次消费金额和消费能力。一般来说，当场追销的商品金额通常不宜太高，后续追销中可以酌情提高。

3. 解释原因

　　向客户解释为何追销、为何在此刻追销，建议从考虑顾客利益的角度帮助对方进行自我说服。

4. 形势不对，立马停止追销

并不是所有人都愿意接受追销，尤其是刚消费之后的当场追销。所以，如果顾客对追销行动有所抵触，应该立即停止追销，避免留下不良印象，可以留待日后时机成熟后再追销。

追销引流	
费用指数	★
操作难度	★★★
效果指数	★★★★★
适用店铺	所有实体店

第 33 招　组合销售引流

先看一个常见的场景：

某面馆老板问顾客："加鸡蛋吗？"

很多顾客选择不加。

但如果老板这样问："加鸡蛋还是加肠？"

顾客通常会不由自主地选择加一样。

这是一种增量销售话术技巧，同时也利用了顾客潜意识里的好面子心理，从而促进了销售。

产品组合销售引流模式也是一种增量销售模式，目的是吸引顾客多消费，正如网上所流传的一个段子："我肥胖的三大根源：20 元起送、30 元满减、第二杯半价。"

其实，20 元起送、30 元满减、第二杯半价都是一种产品组合策略，通过捆绑优惠方式刺激顾客多消费。

案例 33-1

某超市为了吸引顾客，推出了大量的商品组合，如组合装的洗护用品、捆在一起的酸奶、牙刷牙膏组合、零食大礼包等。还有一些半卖半送式的捆绑销售，如"大件商品＋火腿肠"，其中火腿肠是赠送的，可以让顾客感觉到很实惠，因此愿意购买这种组合商品。

案例 33-2

肯德基、麦当劳餐厅内的产品早期都是单品销售的，后来在营销顾问公司的指导下推出了各种套餐，如"儿童套餐""单人套餐""双人套餐""全家桶"等，大大提升了服务效率和销量。

如今这种组合销售引流模式已被越来越多的商家所采用，如服装店将上衣、裤子等打包优惠销售，橱柜门店提供整体橱柜解决方案，家电卖场提供全屋家电组合，建材卖场提供客厅、卧室、厨房、卫生间等瓷砖整体搭配组合，家具专营店提供全套家具定制方案，电子产品卖场针对新大学生用户的"手机、笔记本电脑、智能手表"等的电子产品大礼包。这些组合销售方案之所以盛行，是因为它满足了购销双方的利益。

首先，对消费者有利。组合方案往往意味着优惠，也让消费者得到了实惠，同时降低了他们的选择性障碍，更容易做出购买决策。

其次，对商家有利。产品组合能够带来更多的销售收入，还能够让畅销品带动滞销品的销售，清理库存。同时，产品组合由于批量效应，能够降低采购成本，还能够提升商品准备和服务的效率。

商家在做产品组合销售营销时要把控好一条底线——该产品组合对消费者有什么好处？其次才考虑能够带来多少客流、提升多少销量。

组合销售引流	
费用指数	★★
操作难度	★★★
效果指数	★★★★
适用店铺	所有实体店

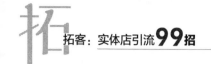

第34招　成交主张引流

成交主张即商家以什么样的方式得到消费者的认可、接受，吸引他们进店、消费。

如果能给顾客一个无法抗拒的成交主张，那将会大大提高顾客进店、消费的概率。

如何给顾客一个无法拒绝的成交主张呢？先看一个小案例。

案例34-1

一位爸爸带女儿去宠物市场买宠物猫，先后进了三家宠物店。

第一家：

女儿看上了一只可爱的小猫咪，店主说价格500元，其他的没再多说。

第二家：

店主对父亲说："这是布偶猫，非常可爱，现在优惠价500元，买回去如果孩子不喜欢，一周之内都可以抱回来退款。"

第三家：

店主说："宠物猫的品种其实都差不多，这个也是布偶猫，我们的售价也是500元，不过可以送一个小猫舍。不知道小姑娘养过猫没有，可以添加我的微信，有任何喂养方面的问题都可以随时咨询我。另外，如果不想要了，10天之内都可以来退换。"

如果这位爸爸真想买宠物猫，我相信他一定会选择第三家，因为相对前两个卖家，这名店主开出的成交主张是顾客所无法拒绝的。

实体店引流、推销过程中，常见的成交主张如下。

1. 有条件让利

通过折扣、赠送、免费试用、代金券等让利形式让顾客清晰地感知得到的好处或满足的欲望，以及付出的少回报的多。

2. 消费保障：低风险承诺

商家能够在多大程度上给予顾客消费保障，能在多大程度上消除其后顾之忧，那么其成交主张就有多强烈。

当然，风险承诺并不是越高越好，而需把控一个原则——在自己在能够承担的范围之内，只要比同行多一些承诺就可以。例如，同行承诺七天无理由全额退款；那你可以提供 10 天无理由全额退款，并承担运费。

同时要注意，无论是低风险承诺还是零风险承诺，都必须设置一些门槛，否则商家可能会反受其害。

案例 34-2

某瑜伽瘦身馆为了吸引顾客，推出了一项零风险承诺：三个月内如果没有减肥效果，可以无条件退款。

结果，三个月后退款的顾客接踵而至，其中有些顾客原本就很少进店参与训练，当然没有效果；有些顾客则是后悔当初购买了课程。

没有任何门槛的退款制度让很多人钻了空子。好在该店及时进行了调整，加上了退款的限定条件——按照门店规定进行学习、训练的顾客如果没有减肥效果，可以退款。

这样一来，退款的顾客大大减少。

很多商家之所以不敢做低风险承诺，就是怕顾客退货、退款率太高。其实，只要做好顾客筛选并设计好相应的合理附加条件，退货率就可以控制在非常小的范围之内，同时又增加了顾客对商家的信任度，对引流和成交将有着不可估量的帮助。

成交主张引流	
费用指数	★★★
操作难度	★★★
效果指数	★★★★
适用店铺	所有实体店

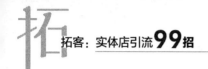

第 35 招 **打折引流**

打折是实体店普遍采用的一种引流手段，也是效果最直接的一种促销方式。

现实中比较尴尬的是，商家一打折，顾客就来，生意火爆；折扣促销一停，店铺就恢复冷清，极少再有顾客光顾，无人问津。

因此，很多店主关心的一个问题是：满大街都是打折促销活动，面对早已对此形成免疫力的顾客，如何才能确保打折引流的效果，或者说是性价比？

案例 35-1 ●

杭州拱墅区某商业区新开了一家私房菜馆，地段优越，餐厅装潢非常有格调，菜肴价位也不高。开业之初，为了酬宾，同时也为了扩大影响力，老板采用了常见的折扣促销方式，具体方案简单直接：开业第一周，所有菜品半价销售；第二周降低折扣销售，顾客用餐可享 65 折；从第三周起，开始恢复原价。

随着折扣的取消，餐厅人气直线下降，生意越来越差。老板非常苦闷，心想自己的餐厅位置好，装潢上档次，价位也不高，为何就没有顾客光顾呢？他不知道是哪个环节出了问题。

折扣引流肯定是有效的，实体店老板千万不要相信"永远也不要打折"这种言论。

那么，案例中的困局如何来破解呢？要尽可能避免简单粗暴的直接打折，讲究折扣的策略和艺术。

1. 打造持续流量

简单直接的打折在当时效果明显，但打折引流的根本用意并不是单次的流量和短期的销量，而是希望带来源源不断的客流。

因此，在进行打折引流时，就要注意再生性和持续性问题，设法吸引顾客再次光顾。

例如，连锁火锅餐厅呷哺呷哺就曾制作过一份优惠手册，有 12 个单独的优惠券，每月可用一次。这样，顾客消费一次感到满意之后，由于手中还有优惠券，再次惠顾的概率就会大大增加。

2. 多做隐性打折

相对于直接折扣，隐性打折会让顾客形成一种心理错觉，认为自己占到了便宜。设计得当的隐性折扣方案还有助于顾客的沉淀，能带来持续客流。

下面看一个例子：

第一种折扣方式：顾客点菜 200 元以上，可享八折优惠；

第二种折扣方式：如果充值 1000 元，则本次消费可以免单 200 元。

从直觉上看，人们一般都会认为第二种方式更划算，但其实仔细一算，二者都是八折优惠。

第二种就是隐性折扣，更重要的是，商家通过隐形打折，诱惑顾客储值，还成功锁定了顾客。

3. 小范围打折

顾客来得快去得也快的打折促销通常是无差别的一刀切，如全场五折，折扣一旦停止，商家的吸引力就会急剧降低。

要避免这种状况的出现，可采取小范围、常态性打折，如餐馆每日推出一款或几款特价菜、服装店每日推出几个特价款。

这种小范围折扣的好处在于，对顾客来说，商家正在进行打折促销，有便宜可占，增强了对顾客的吸引力，能够保证客流的持续性；对商家而言，小范围的折扣成本不大，在可接受范围内。

4. 确保商品和服务的质量

对于打折促销的商品或服务，要保证低价不低质，确保质量和服务水准的一致性，不偷工减料，不区别对待，否则只会砸了自己的品牌，坏了门店的名声。

例如,有些格局小、缺乏长远眼光的商家以恶劣的态度对待团购顾客,区别服务,冷漠接待,招致大量恶评,店铺形象和口碑严重受损,最终搬起石头砸自己的脚。

5. 做好成本核算

商家打折是手段,引流是直接目标,成交是阶段性目标,赚钱才是终极目标。设计折扣活动,要做好成本核算,确保利润空间,避免为了打折而打折,来了客流,却没了利润,得不偿失。

打折引流	
费用指数	★★★★
操作难度	★★
效果指数	★★★★★
适用店铺	所有实体店

第 36 招　红包墙引流

红包墙,即店内红包墙,可根据店面大小专门拓展出一部分空间来展示红包墙,红包内面额可以根据客单价来设置。红包墙可以形成视觉冲击,吸引顾客眼球,给顾客制造小惊喜。

案例 36-1

某陕西风味小吃店经营的产品主要有肉夹馍、凉皮、油泼面、臊子面等,为快餐店,客单价都不高,通常在 20 ~ 30 元。

该店老板别出心裁地在店内设计了一面红包墙,由 50 个红包组成,看上去一大片红色,极具视觉冲击力。凡进店顾客,消费金额满 20 元者,只要同意添加老板微信,并进入该店的微信群,就可参与红包抽奖。

红包中的金额面值也不高,分别为 1 元、2 元、3 元,其中 1 元、2 元居多。虽然金额不高，但由于客单价本身也很低，大部分顾客都很愿意参加，有部分中奖的顾客还会将这种小惊喜分享到朋友圈。

店老板的目的也很明确，通过红包抽奖的方式吸引顾客添加微信，打造微信社群，形成自己的私域流量，有了庞大的流量基础，自然不愁客源。

门店红包墙的设置要尽可能简单直接。

第一，红包中直接装现金效果最好，尽量不要放置代金券、优惠券等奖品，其吸引力会大大下降；

第二，参加的顾客都要引流到微信，红包金额就是付出的引流成本；

第三，不要设置过多的限制条件，如转发朋友圈、集赞等，相对于添加微信来说，这些方式更容易引起顾客抵触，因为很多顾客并不愿意因为这点蝇头小利而替老板转发宣传信息至朋友圈。

红包墙引流	
费用指数	★★
操作难度	★
效果指数	★★★★
适用店铺	高频类、快消类实体店

第 37 招　全返模式引流

商家的引流拓客之战在某种程度上已经演变成了一种模式之战，谁的引流模式设计更精妙、更有吸引力，谁往往就能吸引更多的顾客，不仅能够增加到店顾客量，有效提升成交率，而且还能够在一个较长的时期内对顾客实现深度锁定。

这里介绍一个简单粗暴的引流模式——100% 全返模式，即顾客消费或储值的金额可以 100% 返还。全返模式并非顾客消费后一次将消费金额全返，常见的全返模式有三种。

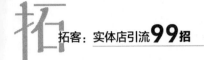

1. 连环模式

连环模式即环环相扣的返钱模式，当顾客购买 B 产品或累计消费金额达到一定额度时，就返还其之前消费 A 产品的金额；当顾客消费 C 产品或累计消费金额达到一定额度时，就返还其在 B 产品上消费的金额；依此类推。

案例 37-1

某水果店推出的全返模式为：假设顾客刘某第一次在该店买了 5 元的桃子，就会获得一张同等金额的返现卡，今后只要顾客再次前来消费，金额满 39 元，即可将第一次获得的 5 元返现卡激活，领走 5 元，同时获得一张 39 元的返现卡。而当顾客累计在该店消费达到 300 元时，即可激活领走上一张 39 元的返现。

该模式的核心在于：通过返现模式让利顾客，培养顾客在本店的消费习惯，对其实现深度锁定。

2. 翻倍返还

翻倍返还即将顾客的储值金额在一定限制条件下、一个较长周期内进行翻倍返还的模式，该模式的关键在于如何设计限定条件。

案例 37-2

某火锅餐厅推出一项返现活动，其引流主张为顾客充值 500 元，抵1600 元，具体权益如下：

第一，充值 500 元的顾客成为餐厅会员，当天消费可以直接减免 100 元；

第二，赠送一张 1000 元面值的会员卡；

第三，会员卡金额消费完毕之后，再赠送一张 500 元的消费卡。

这套方案背后的逻辑如下：

首先看第一项权益，该餐厅人均消费金额在 80 元以上，所以充值 500

元对于老顾客而言算不上太高的门槛，而且当场可以减免100元，对顾客很有吸引力。

其次，第二项权益中的1000元消费余额由两部分组成，即500元的无门槛消费金和500元的低门槛消费金（可按每次消费金额的20%来抵现使用，如顾客消费200元，则可用40元）。

最后，当1000元的消费余额用完后，就可以再次获得1000元的消费卡（无门槛和低门槛各一半）。

这意味着什么呢？当顾客用完第二项权益中的低门槛消费金额时，相当于其至少消费了2500元。假设火锅餐厅以50%的利润计算，则顾客给商家创造了1250元以上的利润，即使抛去所有翻倍返还的消费金，商家仍有利可图，更重要的是提前锁定了很多客流。

3. 多次返还

顾客消费一定金额的商品或服务后可以获得多次返现的机会，直到消费金额被全额返还。例如，某服装折扣店承诺，顾客充值1000元，除了有1000元的正常消费余额外，还可以每月获得价值100元的服装返还，分10个月返还完毕。

这种模式的好处在于：前端能够实现现金快速回流，后续能够带来顾客持续的登门和销售机会。

在实施以上引流模式时，店家应当有试错思维，因为只有适合自己的模式才是最好的模式。这种模式很难直接照搬复制，只能通过不断的尝试、试错，才能逐渐优化、放大该模式的效果。

全返模式引流	
费用指数	★★★
操作难度	★★★
效果指数	★★★★★
适用店铺	高频类、快消类实体店

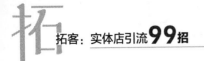

第38招 微信群秒杀引流

微信群秒杀引流类似于线下门店的限时抢购，只不过主战场转移到了线上，相对于线下限时抢购，它有着更好的社群裂变效果。

案例38-1

某服装店依托附近几大居民区，生意稳定，积累了一批老顾客，这些顾客多来自门店2千米方圆以内的社区，对商圈外的顾客辐射范围有限。店主设计了一套微信群秒杀方案，意在吸引更大范围内的顾客进入微信社群，进店消费。

由于正值夏季，其秒杀产品为T恤，该类T恤有十余种颜色可选，是从批发市场精心挑选的热销款，原售价为69元，秒杀价9.9元。由于进货量较大，成本基本不超过秒杀价。

准备好产品后，店主将精心拍摄的各颜色T恤以九宫格的形式发布在朋友圈，附加文案为"原价69元的当红款纯棉T恤，秒杀价只需9.9元"，同时该信息在其微信社群进行同步。

朋友圈顾客咨询详情，店主会引导其加入微信群，因为秒杀活动是在群内举行。

顾客进群后，店主会于每晚9点定时在群内发放红包，抢到红包金额前五名的人才有参与9.9元秒杀的资格。

为什么说是资格呢？因为还需要这些顾客做出一些配合动作，即在微信群转发该信息，截图后通过微信向店主转账9.9元，才算最终得到秒杀产品。

这样，一方面，该店的秒杀活动能够得到更大范围的展示，实现顾客的裂变；另一方面，群主还可以随时将转账记录截屏发至微信群，以证明顾客参与的积极性和活动的真实性，让其他顾客形成一种紧迫感。

当然，会有一些顾客不愿意转发朋友圈，那么也可以选择邀请一位附近的好友进群，同样可以获得最终秒杀价购买商品的机会。

这样循环操作了一段时间之后，该店主的几个微信群添加了上千名精准粉丝，为店铺积蓄了一大批潜在消费力量。

获取流量需要成本，秒杀商品所让渡的利润就是获客成本所在。微信群秒杀引流活动可按以下步骤推进。

第一，设计秒杀产品。秒杀产品即"诱饵"，既然是"诱饵"，就要有足够的诱惑力，要选择大多数顾客感兴趣的产品作为秒杀产品。

同时，"诱饵"的门槛不可太高，即售价不可太高，以免打击顾客参与的积极性。

第二，宣传造势。借助线上线下所能利用的一切渠道，将活动传播给更多的受众。

第三，拉人进群。将线上、线下的咨询顾客都拉入微信群，实现顾客沉淀，直至锁客、成交。

第四，社群裂变。通过社群用户的转发，实现社群用户的裂变式增长。

第五，扩大成交。将越来越多的线上顾客引入线下，消费秒杀品的同时带动其他商品销售，或者让消费者形成消费惯性，为今后的回头客奠定基础。

微信群秒杀引流	
费用指数	★★★
操作难度	★★
效果指数	★★★★★
适用店铺	非冷门类实体店

第 39 招　病毒营销引流

病毒营销是一种传统营销方式，其在网络时代又获得了新生，被很多互联网公司用于产品推广和网站推广。病毒营销是利用大众的传播积极性和人际网络，让商家的营销宣传信息实现网状快速扩散，就像病毒的传播和扩散速度一般，快速复制，快速传播，在最短的时间内将信息传达给尽可能多的受众，实现用户的裂变式增长。

直白来说，病毒营销引流就是"让大家告诉大家""让老顾客告诉新顾客"，通过他人为自己宣传、推广，从而达到"杠杆引流"的目的。

案例 39-1

某婚庆店为了拓展更多的客户，针对老客户设计了一款价值 500 元的免费顾问卡。

其话术主张如下：

"非常感谢您选择我们店，这里还有两张价值 500 元的免费顾问卡，可以免费送给您身边近期结婚的朋友，他们持卡到我们这里，可以免费咨询相关问题，并且免费获得一份婚礼策划方案。如果最终选择我们的服务，同样可以享受九折优惠。不过，您的朋友需要持有这张卡，并且提您的名字才能享受这些优惠。"

能够为朋友带来优惠，同时还可以在朋友面前刷一波优越感，显得很有面子，大多数顾客表示很愿意推荐出去，这样一个顾客就裂变成了两个顾客。

案例 39-2

某大学城附近有一家短租公寓，目标顾客基本都是附近的大学生。此地同类型的宾馆、公寓、小酒店数不胜数，为了吸引更多的新顾客和回头客，该店老板尝试实施了病毒营销方案。

首先，该公寓的基础设施非常到位，每个房间都配有独立卫生间、电视、Wi-Fi、热水器、计算机等设施，房间装潢非常干净、温馨。公寓设有三种房型：

经济大床房：50 元；

普通大床房：70 元；

优享大床房：90 元。

其营销方案非常简单：第一次入住的顾客，在结账离店时都会被告知："只要你推荐两名新客户入住，就能获赠一天的入住机会。"

顾客会拒绝吗？大多不会，因为他们多是附近的学生，而其同学、舍友中就有很多潜在顾客，介绍两名顾客不过是举手之劳。

一传二、二传四、四传八，该公寓的客流呈复利倍增的形势增长。

病毒营销引流是被动的营销方式，即必须想办法发动老顾客参与传播、推广，而驱动他们的最好方式就是许以利益，而利诱是最直接、最有效的病毒引流启动方式。

因此，要尽可能直接将利益告知受众，他们如果觉得划算就会帮助传播、复制。

病毒营销引流的效果取决于三大要素：

第一，创意，即促销方案本身是否足够吸引人，有无裂变的潜质；

第二，支持，即能否吸引愿意帮助商家进行病毒传播的种子用户，这主要取决于商家给出的利益和好处是否足够诱人；

第三，杠杆，即商家能够在初期借助多少种子用户的力量，或者说能借助多少种传播手段来将推广信息传达给更多的种子用户。

病毒营销引流	
费用指数	★★★
操作难度	★★
效果指数	★★★★★
适用店铺	高频类、快消类实体店

第 4 章

感 官 引 流 ：

想方设法吸引顾客眼球

第 40 招　感官引流

感官引流，是通过影响消费者视觉、听觉、嗅觉等感官，吸引顾客进店消费的一种推广方式。

近年来，实体店受电商冲击较大，因而纷纷通过降价的方式同电商竞争，而忘记了自身在感官体验上的独特优势。反观电商却在逐渐强化用户消费体验，甚至花重金进行一系列交互设计，来提升用户的感官体验。

作为线下实体商家，必须要重视这一得天独厚的体验优势。进行感官引流，主要是从视觉、听觉、嗅觉三个方面对潜在顾客施加影响，吸引他们的注意力。

1. 视觉冲击

严格意义上来说，店铺的所有经营元素，如门面、门头、橱窗、店面设置和装潢，包括人员拦截等引流措施，对过往行人而言其实都是一种视觉冲击。此处重点介绍光线和颜色的运用。

第一，光线的运用。 实体店可以使用具备光线传感器功能的灯具，让店内光线随阳光光线强弱而改变，无论在什么天气状况下都能保持一样的亮度，避免影响顾客的消费体验。

案例 40-1

日本商场伊藤洋华堂，为了调和店内光线，特意购买了门店所在地区的详细天气预报信息，以便根据天气变化来进行相应的灯光调节、陈列设计和商品促销，最终取得了显著效果。

国内很多超市卖场也都纷纷采取追光灯等照明方式，并取消基础照明灯，对生鲜、烘焙食品等特殊区域进行重点照明，以同周围的环境形成鲜

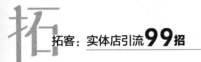

明对比，吸引顾客关注。

第二，颜色的运用。不同的颜色会对人的情绪造成不同的影响，不同的颜色对顾客的吸引力也不尽相同。研究发现，对顾客吸引力最强的颜色组合通常是红、白、黑，含有其中两种或三种颜色的组合色会在瞬间给顾客留下深刻印象，这无疑是店招的首选颜色，如肯德基 LOGO 就是采用的红、白、黑颜色组合。

如果条件允许，商家可以找专业的配色师来设计光线和颜色解决方案。

2. 听觉暗示

声音能够拉近人与人的距离，实体店可通过对不同声音的利用来影响顾客的情绪，进而吸引其进店消费。

案例 40-2

某零售集团研究发现：当超市的背景音乐中出现婴儿啼哭的声音时，就会刺激年轻妈妈们购买更多的食物，这是因为婴儿哭声激发了她们潜意识中的母性本能，转化成了消费行为。

而欧洲的某些超市则发现，当超市内播放意大利背景音乐时，店内的意大利产品销量就会提升；当换成其他国家的音乐时，也会有类似的现象，而消费者都意识不到这一点，这是潜意识的作用。

门店还可以通过对音量的选择来调节引流效果，如当客流量较少、店内较冷清时，可以加大音量，提高吸引力；而当客流量较大时，则可适当降低背景音乐，避免打扰顾客。

3. 嗅觉引诱

实体门店给顾客的第一印象是视觉冲击，第二印象则是气味给顾客造成的嗅觉引诱。例如，很多酒店、会所、茶馆等消费场所会放置一些香薰或喷一些香水，释放出一些很柔和的味道，目的是营造出一种温馨、放松、舒适的感觉，让顾客"闻香"而来。

所以，如果想提高店铺对顾客的吸引力，一定要巧妙地控制气味。气味在很多情况下是可以控制的，如有些烘焙店会采用一种扩香机将某种香精扩散出去，让过路客人闻到一种独特的蛋糕芳香。

感官引流	
费用指数	★★★
操作难度	★★★
效果指数	★★★★
适用店铺	所有实体店

第41招　场景引流

场景引流，即实体店通过对经营空间的设计与重构营造某种场景感，从而吸引顾客。

场景引流是围绕实体店的三维空间来构建一个个情景，以触发消费者的需求点并满足之。该需求可能是刚性需求，也可能是柔性需求；场景可能是现实场景，也可能是虚拟场景，或者是混合场景。

场景引流属于体验式营销的细化和深入，在越来越多的消费情境下，仅仅是产品本身的体验已经不足以令顾客做出购买决策，这时就需要为顾客构造一个恰当的场景，通过场景营造的氛围来触动顾客的心弦，建立情感上的共鸣，成交也就成了顺理成章的事情。

案例41-1

消费者去家居市场，看到单品家居散乱地分布在卖场内，很可能就没有了深入了解的欲望，更谈不上付诸购买行动；而当消费者光临宜家家居的体验馆时，看到沙发、靠枕、茶几、杯盏等产品被家居设计师以巧妙的组合装饰成一间模拟客厅的真实场景，就会产生一种身临其境的感觉，感觉原本散乱的家居产品经过了设计师的搭配，就像是施了魔法般漂亮，让

消费者产生一种迫切想要拥有同款产品，想要在自己家中来复制的冲动，那么购买欲望就会产生。这就是商家给消费者构建的一个场景，通过该场景来触发消费者的购买欲。

有很多线下商家为了增强场景的吸引力，正在像宜家一样尝试进行各种各样的场景变革。例如，在某商场的有机市集，消费者可以现场体验传统石磨磨豆浆的乐趣，可以学习日式寿司的制作方式；再如，某家装潢风格古色古香的前卫书店，顾客除了可以看书买书，还可以欣赏舒缓的音乐，可以听各种论坛、演讲等。

客观地说，本土实体商家的场景化营销还有很长的一条路要走，并不只是让消费者在店里听音乐、磨豆浆那么简单，要真正致力于从"硬件＋气氛＋人与人的互动"等层面上进行全方位精进。

第一，硬件配置。硬件配置、设计是体验式场景打造的基础性工作。要从顾客需求、喜好的角度，而不仅仅是从商家、销售的角度去配置营销场景，是商家体验营销工作思路转变的重中之重。

第二，气氛烘托。仅仅具备良好的硬件配置还远远不够，如果不能有效烘托出让顾客流连忘返的店面氛围，同样难以留住顾客，会给人一种"无感情、冷冰冰"的感觉，会让顾客敬而远之。例如，在竞争激烈的线下家居行业，宜家的质量不一定最好，价格也不一定最低，但它却将场景化营销做到了极致。宜家卖场通过对生活空间、创意设计、产品故事的巧妙运用，营造了一种独特的销售氛围，对顾客有着强烈的吸引力。

第三，人与人的互动。相对硬件配置和气氛烘托，人与人的互动是更高层面的场景营造元素。互动就是商家同顾客双方互相动起来，在互动营销中，互动的双方一方是消费者，一方是商家。只有抓住共同利益点，找到巧妙的沟通时机和方法，才能将双方紧密地结合起来。互动营销尤其强调的是，双方都要采取一种共同的行为。

场景引流	
费用指数	★★★
操作难度	★★★
效果指数	★★★★★
适用店铺	所有实体店

第 42 招　POP 引流

POP（Point of Purchase Advertising，售点广告）的范畴非常广，广义上的 POP 包括商业空间、购买场所、零售商店周围、内部及商品陈设位置所设置的广告物，如门店牌匾、橱窗，店内的条幅、招贴广告、气球广告等；狭义的 POP 主要指门店内部的展销展柜以及商品周围摆放、陈设及悬挂的用来促进商品销售的各类广告。

POP 运用较多的场所有超市、商场及其他零售型商店：它一方面能调节店铺冰冷的环境，营造促销气氛；另一方面也能替代店员的某些作用，就好比是无声的推销员。

POP 是一种行之有效的终端促销手段，直接作用于消费者，能够促使其产生一系列心理变化，如主动进店、浏览商品、购买。

1. POP 具有明显的引流功能

一项权威调查报告显示，很多消费者在实体店尤其是在超市购物时会受 POP 吸引，所以精明的商家就会使用 POP 道具来吸引过路的行人进店。

2. 营造竞争优势

相对于没有做 POP 的竞争商家，设置 POP 终端广告的门店更能抢夺顾客的注意力。如果 POP 能做到抢眼、醒目，就能充分吸引顾客视线，使顾客进店、在商品前驻足，产生购买兴趣，增加本店商品被顾客选中的概率。

3. POP 可吸引顾客驻足观看

很多时候，店内的商品都是死气沉沉地陈列在货架上，如果能点缀一些 POP 道具，凭借其新颖的图案、绚丽的色彩、独特的构思等特质，就能引起顾客注意，使之驻足停留进而对广告中的商品产生兴趣，起到意想不到的促销效果。

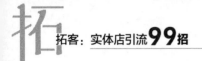

4. 促进冲动型消费

据美国 POP 协会统计，进店消费者中只有 20% 左右是有预定购物计划的，而其余 80% 的顾客则属于受 POP 的影响而临时起意进店。很多从未接受过相关商家、相关产品广告信息的顾客会在零售现场受 POP 的影响，马上从注意、兴趣、欲望提升到行动阶段，实现纯粹型冲动消费。

案例 42-1

某药店为了强化地面拦截效果，强化"吸引顾客进店浏览—促使顾客观察产品—刺激顾客最终购买"链条，非常注重 POP 设计。

第一，重点"字、词、句"进行重点书写。例如，"仅""特价、优惠价、会员价、免费、换购、赠送、抽奖""获赠精美礼品一份、免费领取"等句子及词语，只要店员认为它们会在手绘 POP 中起到至关重要的作用，就可以给一个"正面的特显镜头"。

第二，重点词句予以特殊显示。特显方式有加边框、加阴影、加绘图、描边、加大加粗等效果，颜色必须醒目。

第三，颜色搭配的四色原理。书写 POP 的马克笔一般选用红、黄、蓝、绿、黑，颜色不必太繁多，整张 POP 以不超过四色为主，更能体现 POP 的重点突出、主次分明。

这家药店内时常设置有各类 POP，给顾客形成了一种强烈的视觉冲击和吸引力，从潜意识里觉得该店正在做活动，活动价格肯定要比竞争对手低，从而在暗示下进店购买。

POP 要想有效，需要满足以下条件：

第一，版式设计要活泼，色彩对比要鲜明；

第二，促销文案短小精悍，简单直接，切忌冗长；

第三，突出产品的核心卖点，强化视觉冲击效果，让顾客一看就能明白能够得到哪些实惠；

第四，务必要突出优惠信息，"无优惠，不 POP"；

第五，POP 摆放位置要与顾客视线持平。

POP 引流	
费用指数	★★
操作难度	★★
效果指数	★★★★★
适用店铺	零售类实体店

第 43 招　名片引流

名片是一种比较便捷和便宜的推广引流工具，由于制作成本低，因此其具有较高的性价比。商家用来拓客的名片不同于寻常意义上的个人名片，其侧重点应有所不同。

商家制作名片时，应考虑的一个最核心的问题是：你的名片（卡片）对顾客有什么用？有没有价值？

这个问题思考不透彻，名片引流的效果就会不尽如人意，难逃被随手丢弃的命运。

案例 43-1

海底捞某门店，每到周末或节假日，用餐人员都爆满，顾客可以通过网络预约方式订餐，如果临时到店，则需要取号排很长时间的队。当顾客前来咨询时，该店前台服务人员会告知大概的等位时间，如果顾客不愿意等待打算离去，工作人员在深表歉意的同时会附赠一张名片，上门有门店的电话、公众号等信息，最重要的信息有一条——免费赠送一道菜，顾客下次消费凭此卡可免费获赠指定菜品一次。

海底捞的赠菜卡就相当于赋予了名片相应的价值，愿意再次前往用餐的顾客就不会随意丢弃。

具体来说，名片引流有两个实操方向。

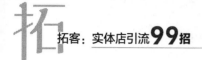
1. 名片追销锁客

名片的价值不在于制作材料和工艺，而在于它能给顾客带来的好处与价值。有了好处，顾客才会保留名片，再次消费；对商家而言，就能实现锁客追销的目的。

> **案例 43-2** ●

刘先生经营着一家社区餐厅，顾客多来自附近几个小区，常客居多，但由于附近各类餐饮店密布，竞争较为激励，刘先生的生意一直没有太大突破，处于维持状态。

由于是平价菜馆，该店的消费金额都不高，大多在百元以内。为了拉高客单价，同时也黏住顾客，刘先生设计了一款引流名片。名片上除了常规信息外，还有一条醒目的优惠信息：通过名片订餐消费满100元，即送10元代金券；消费满1000元，即送150元代金券。

名片上额外的这条优惠信息让该店的订餐量翻了一番，客单价也有了明显提升。

2. 名片引流裂变

名片不仅可以提供给顾客某种好处，让顾客愿意保留、持续消费，还可以通过某种优惠方案的设计，让顾客愿意分享、传播，裂变更多的顾客。

> **案例 43-3** ●

某服装店老板王女士制作了一张引流名片放在了店内，在显著位置写有提示语：限量团队优惠卡，免费索取。

名片上的团购优惠信息为：店内原价699元的服装，如邀请一位朋友前来团购，则各需299元；在此基础上，每多邀请一位顾客，则额外减10元，5人封顶。

在这种激励措施下，顾客都愿意索取名片。再者，女性消费者逛街本就喜欢结伴而行，邀请朋友前来对他们并非难事。因此，这家服装店由此带来的拓展顾客越来越多，人气旺了生意就好，还变相带动了其他款式服装的销售。

因此，实体店名片的设计是非常有讲究的，可以将名片设计成话费卡、购物卡等优惠卡的形式，让顾客更愿意保存名片，让顾客更愿意转介绍客户，让顾客做病毒营销传播。

名片引流	
费用指数	★★
操作难度	★
效果指数	★★★★
适用店铺	所有实体店

第 44 招　夸张效应引流

如今的消费者，一方面被线上电商分流；一方面受到线下实体商家的各类营销冲击，审美已经出现疲劳。

这种情况下，如果线下门店能提供一些极具辨识度、难以模仿、差异化的能产生夸张效应吸睛要素，那么客流就会聚集而来。

所谓夸张效应引流，顾名思义，就是以一种反常规的、超出大众认知的、比较离谱的方式来对顾客形成冲击，使之在被夸张效应震撼的同时，去了解商品，进而消费。

例如，早年间张瑞敏砸冰箱其实就是一种夸张效应营销。

如何制造夸张效应，考验的是实体商家的创新能力和魄力。常见的夸张引流方式有两种。

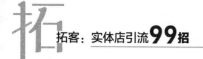

1. 以夸张效应展示产品质量

所有的商家都宣称自己的产品质量好，那么，如何以更直观、更具冲击力的方式将之展现出来呢？可以借助夸张效应。

案例 44-1

某表店经营的都是防水手表，至于是否防水并没有消费者去验证过，手表在实际使用中浸水的场景和概率也并不多见。

店老板也发现了这个问题，因此他别出心裁地设计了一个引流策略：在门店外设置了一个水箱，旁边配有几个大字"×××手表就是牛，水中也能走！"

被吸引而来的顾客凑近一看，果不其然，水箱中的几块手表确实在正常走动，即使被水浸泡了很长时间也丝毫不影响使用。

手表的防水效果被这种展示直观地呈现出来，消费者于是都信服了。

2. 以夸张道具抓住顾客好奇心

这种视觉冲击不同于店铺常规装潢风格所带来的引流效果，而是以一种更离谱的方式、以更夸张的道具呈现在顾客面前，带来更强的视觉冲击，使其迫不及待想要进去一探究竟。

案例 44-2

位于上海南京路步行街入口处的耐克上海001店自开业后便风头十足，每天人满为患，成为魔都上海的一个打卡地标。

该店不仅是旗舰店、体验店、概念店，更是耐克全球首家 House of Innovation，店内有很多夸张的道具——

外立面"运动玻璃"十分引人注目，非常通透，这是耐克全球旗舰店专门设计的玻璃，从外观可以很明显看出其灵感来自气垫技术；

进入 B1，就能看到一个超大型的 LED 互动显示屏，位于店铺最醒目的位置，这是可以试穿耐克新产品并进行运动体验的核心设备；

上楼后，能看到一个酷炫的大型传送带装置，该装置外观形似耐克的气垫鞋底，极具视觉冲击力。

耐克在日本东京原宿的第一家旗舰店也运用了这种夸张的道具，在该店二楼的天花板上悬挂了 500 多双运动鞋，全是白色，呈现在顾客眼前的是一种吊灯式的展示效果，极具视觉冲击力。

夸张效应的目的就是要让顾客感到不可思议，用一种违背常规的行为或者思维来做某件事情，就好比将手表放到水里、以夸张的道具或夸张的商品陈列方式来吸引顾客。

夸张效应引流	
费用指数	★★★
操作难度	★★★★
效果指数	★★★★★
适用店铺	所有实体店

第 45 招　另类店名引流

商家为了吸引顾客眼球，让顾客进店，想尽了办法。有不少店主开始在店名上做文章，取一些另类、诙谐、有创意的店名。这类店名由于反常规、有创意，确实能给人留下足够的想象空间，同时也能给门店带来锦上添花之效，于无形中带来客流和商机。

另类店名的切入点主要有以下几个角度。

1. 利用谐音

可以利用一些常见的成语、俗语的谐音作为店名。例如，某服装店取名为"锦衣卫"、某餐馆命名为"一统三锅"、某足疗店命名为"足来足往"等。

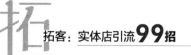

这类店名，一旦顾客明白过来，都会会心一笑，由于其读起来朗朗上口，且有些诙谐的意味在其中，往往具有很强的传播力。

2. 逆向思维

将店名反着起，以达到吸引顾客的效果。例如，某小吃店老板将店铺命名为"怪难吃"，用意是想以此激起顾客的尝试心理，当他们发现店里小吃并不难吃后，来光顾的顾客就自然会多起来。

借助另类店名博取顾客眼球，吸引顾客注意力本无可厚非，但要注意尺度。

3. 创意店名

可以根据店铺定位取一些有创意、有意境的店名，以反映店主的格调和品位，吸引同层次的顾客。

例如，某服装店取名"布衣庵"，店主冯小姐称，她所卖的产品以棉麻为主，所以便起了这样一个店名，而那些喜欢棉麻材质服装的顾客对该店名都表示"很有感觉"。

第一，店名重要，内容更重要。 另类的店名只能给顾客一时的新鲜感，吸引顾客的最初注意力。而店铺生意的兴隆，归根结底在于店内提供的商品、服务要足够好，否则，如果徒有其表，店内没有实质内容，店名起得再花哨也没有用。

第二，避免低俗、恶俗。 另类店名稍不注意就容易陷入低俗、恶俗的漩涡，因此一定要把握好取名的尺度。

案例 45-1

"叫了个鸡"是始创于 2014 年的炸鸡店，其拥有上千家加盟门店，分布在国内数百个城市，在业内一度很有影响力和知名度。

"叫了个鸡"是一个颇具争议的店名，而且该品牌在起步初期曾推出了很多类似"叫了个鸡""没有性生活的鸡（童子鸡）""和她有一腿等低俗的产品、广告宣传语，违背了公序良俗。

后来，"叫了个鸡"被上海浦东新区法院判定属于商业标识文字内容低俗，应禁止使用，还受到了工商行政机关的处罚和责令整改。

第三，避免不良诱导。例如，有饭店取名"饭醉团伙"（谐音为"犯罪团伙"），理发店取名为"飞发走丝"（谐音为"非法走私"）。作者并不提倡这类谐音式取名，因为其店名对公众疑有不良诱导，有被禁用、处罚的风险。

另类店名引流	
费用指数	★
操作难度	★★★
效果指数	★★★★
适用店铺	所有实体店

第 46 招　业态混搭引流

在各种新零售概念和事件不断涌现的当下，在可以预见的未来——

酒吧还只是酒吧吗？

咖啡厅还只是喝咖啡吗？

酒店就只能用来睡觉吗？

美容店就靠坐等顾客上门吗？

银行等待的区域可不可以变成新兴书店？

如果还用传统思路经营传统实体店，恐怕很难再吸引到足够的客流。

细心观察的人已经发现，传统的实体店开始"混搭"了：

超市不再像卖场，商品陈列注重体验感，还多了婴童中心、名酒中心、家庭厨房及轻餐饮等跨界"场景"；咖啡厅再也不是以往的老样子，成了创业孵化器；服装店里可以喝咖啡，享用小吃；银行大厅等待办理业务也不再无聊，客户可以喝咖啡打发时间……

近年来，我们还看到了越来越多的业态融合案例，来看下面一个案例。

优衣库引入了星巴克，在美国纽约的优衣库门店，顾客可以把玩店家准备的 iPad，还能美美地喝上一杯星巴克的咖啡。

招商银行开启了"咖啡银行"。位于北京的第一家"咖啡银行"中，红色的招商银行标识和棕色的咖啡标识各占一半，客户办理业务之暇，还可以喝咖啡。

永辉超市牵手地产企业，为消费者提供全方位的跨界服务，顾客凭借购物小票，可到合作地产公司兑换同等金额的购房优惠券。

尚品宅配为了给顾客提供超预期体验，在跨界经营上也开始了大胆尝试，在卖场内引入了玩具商家、幼教品牌、旅游产品提供商和各类餐饮品牌等跨界商家。这类跨界经营为顾客提供了多样化的消费体验，同时弥补了自身在亲自经营跨界领域上的不足，这样既成功解决了成本问题，还提高了卖场的客流量和营收。

成都创新书店"言几又"进行了全新的书店业态布局，其成都国际金融中心的门店完全打破了传统书店的格局，融合了更多业态，集合了创意书店、咖啡、创意市集、路演活动区等，同时兼顾了活动空间、产品空间和公共空间，将餐饮、美发、照相馆、陶艺、花艺、木工、超市等业态也都融入了其中。

笔者对跨界的理解是：某个消费群体总需要大致相通而品类不同的各种延伸性物品、服务，将它们聚集整合起来，就能实现关联引流，关联销售。

实体门店为了给顾客带来更好的消费体验，带来更多的客流，争相通过融合各类业态进行创新升级。但混搭不是乱搭，要把多个品类集中在同一个空间内是有讲究的。业态混搭并非灵丹妙药，一跨就灵，总体来说，实体店的业态混搭应当具有如下基础：

第一，跨界方向应同主营业务密切相关；

第二，延伸频类和主营业务的文化内涵要保持一致；

第三，延伸频类能有效提升顾客体验；

第四，延伸品类同顾客的生活轨迹相关。

实体店做业态混搭时，要注意规避以下风险：

第一，不要做无关联的混搭，以免扰乱品牌形象；

第二，不要低品质混搭，否则会降低品牌价值；

第三，不可过多混搭，会影响品牌个性；

第四，要保持主体地位，延伸项目处于辅助地位，不可乱了主次。

业态混搭引流	
费用指数	★★★★
操作难度	★★★★
效果指数	★★★★★
适用店铺	大型品牌实体店

第 47 招　**话术引流**

话术即说话的艺术，如销售话术是在门店推广引流过程中使用的对话模式、对话技巧。实体店相关工作人员的话术运用是否得当，会对引流、成交起到非常重要的作用。

经常逛商场的人对下面的场景应该都很熟悉这句话："欢迎光临，店内刚到一批新款，有喜欢的试一下，现在全场 8 折，部分 6 折。"这是一些服装店、服装专柜的店员惯用的迎宾引流话术，但这类话语起不了太大作用，在顾客看来它们几乎是可有可无的，因此这类话语很多情况下会被人无视或直接忽略，因为太过常规，没有吸引力。

销售话术模式、模板有很多，一些通用的话术模板此处不再赘述，这里只介绍两种让顾客无法抗拒的引流话术模式。

1. 提供选择

避免向顾客提出一些需要用"是、否"来回答的封闭性问题，尽可能准备一些开放性、选择性问题。

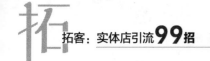
案例 47-1

"老板，青椒辣不辣？"面对顾客的这种询问，卖青椒的商家往往有以下四种答案：

第一种答案：辣；

第二种答案：不辣；

第三种答案：你想要辣的还是不辣的？

第四种答案：这一堆是辣的，那一堆是不辣的，随便挑。

第一种答案的结果可能是：碰巧买青椒的客户这两天上火，这桩买卖没有达成。

第二种答案的结果可能是：凑巧买青椒的顾客这两天想开开胃口，这次生意也同样没有达成。

第三种答案的结果可能是：本想以销售技巧进行二选一反问，结果遇见较真的客户，结果很难预料，这种回答的成功率是50%。

第四种答案的结果无疑是最佳的，这个答复不言而喻，其成功率几乎是100%。

不言而喻，对于销售青椒的商家来说，用什么样的话术去回答顾客的上述询问将对顾客产生截然不同的引导作用，进而会在很大程度上决定交易的成败。

门店和顾客的接触结果只会有两个：不是你把"是"销售给了客户，就是顾客把"不"销售给了你。在双方的较量过程中，要注意话术的引导性，谁的引导能力更强，谁就能最后成功达成自己的目的。

2. 揣摩需求

营销活动是双向行为，成功与否在很大程度上取决于顾客。商家要想达成引流、销售的目的，需将关注点从自身、产品、销售上转移到用户的需求、欲望、意愿上，从这方面去组织话术，打动顾客。

案例 47-2

《输赢》一书中讲了一个贩卖李子的案例。

一天，一个老太太去水果市场买李子。

到了第一个摊位，她问："你的李子怎么样？"

小贩回答说："又大又甜，特别好吃！"

老太太摇摇头走了，来到第二个摊位前。

第二个商贩主动问："我这里各种李子都有，您想要什么样的呢？"

"想要酸一点的。"老太太说。

"这些蓝皮的李子咬一口，就会酸得流口水，您要多少呢？"

"来一斤吧！"

完毕，老太太继续闲逛，看到了第三个卖李子的小贩，就问："你的李子多少钱一斤呢？"

"您想要哪种呢？是不是您自己吃呀？"

"不是，我儿媳妇怀孕了，想吃酸东西。"

"您对儿媳妇可真体贴，俗话说酸儿辣女，她一定能给您生个大孙子。您看要多少？"

"再来一斤吧！"老太太听了心里高兴，就又买了。

小贩边称边问："您知道孕妇最需要补充什么营养吗？"

"什么？"

"怀孕期间孕妇特别需要补充维生素，而猕猴桃富含多种维生素，特别适合孕妇吃。"

"那就再来二斤猕猴桃！"老太太毫不犹豫地说。

"您的儿媳妇摊上您这样的婆婆，真是有福气！"小贩还不忘夸赞，末了又提醒说："我每天都在这里摆摊，水果都是最新鲜的，您儿媳妇要是觉得好吃，您就再来！"

"好啊！"老太太满口答应。

三个小贩的区别在于：

第一个小贩不知道顾客的需求，也没有试着去了解，因此销售失败；

第二个小贩捕捉到了顾客的需求，且基本上满足了其需求，销售成功；

第三个小贩通过积极接触、主动询问，发现了顾客更深层次的潜在需求，成功销售了更多产品，并做好铺垫，争取让顾客成为回头客。

对顾客需求的把握程度会直接决定引流、成交的进展。如果商家连顾客的真实需求是什么都一知半解，那何来引流、销售成功？

归根结底，引流的本质就是：识别顾客需求，通过话术吸引顾客，设法满足顾客需求，达成交易。商家能在多大程度上识别顾客需求，能在多大程度上满足顾客需求，就能取得多大程度上的成功。

话术引流	
费用指数	★
操作难度	★★★
效果指数	★★★★★
适用店铺	所有实体店

第48招　新奇特方式引流

从心理学角度来说，人们有一大癖好，就是好奇心强。新奇特引流方式就迎合了人们的好奇心，借此来吸引顾客关注。

例如：

某书店，将店内图书按书名首字母进行排序，每个字母对应一个日期，如A对应1号，B对应2号，依此类推。书店每日推出对应字母书籍的特价促销活动，这种新颖的促销方式吸引了很多顾客。

某餐厅，招牌是其另类、奇葩的菜名，如薯小妹、水货聊天、宅男龙虾、爱吃醋的凤爪、吃不胖猪手、黑椒兄弟等，不少顾客称就是冲这些奇葩菜名也要去体验一番。

某西餐厅推出一项活动，带身高一米九以上的顾客前来用餐，其中一人可享一折，结果全城的高个子都闻讯而动。

某餐厅在其微信社群发帖称，胖子顾客（男士150斤以上，女士120斤以上）

可享优惠，体重越高，优惠越大，还有详细的体重优惠列表。

……

新奇特引流是一种创意营销，本质上无规律可循，取决于店主和相关运营人员的创意能力和活动策划能力。

案例48-1

2020年6月，郑州二七万达金街广场的一个卖茶的摊位火了，每天前来买茶的人非常多，导致街道堵塞，行人不得不从附近商场内通过。

原来该摊位推出了一个爆红的新奇产品——孟婆汤，配合宣传语"一碗孟婆汤，让你忘掉所有痛苦"。

孟婆汤其实就是苦丁茶，本来并不稀奇，但是负责舀茶水的却是"货真价实"的孟婆——身着古代灰色衣服、有些驼背、手拿东西颤巍巍、带着一个白色老奶奶的面具，活脱脱一副孟婆形象，将孟婆形象表演得惟妙惟肖，而且盛茶的水锅还冒着白色青烟，如梦如幻，场景代入感极强。

附近逛街的路人被吸引而来，排队领取孟婆汤的人不计其数，最火爆的时候，排队都需要一个小时。

孟婆汤火了之后，"孟婆"每次出场都有人夹道欢迎，甚至万达金街广场方面还特意安排了人员前来帮忙维护秩序。每日前来领孟婆汤、拍照、录视频、做直播的顾客络绎不绝，在各类自媒体的推波助澜下，该地迅速引爆网络，成为喧嚣一时的热点事件、网红打卡地。

新奇特引流方式见效快，能够迅速抓取眼球，吸引客流。但由这种方式制造的人为热点来得快、去得也快，时效性短，很难持久。

"孟婆汤"的策划者名为张煜丰，开有两家店，之前他还策划过一款"佛系卜茶"，开业之初生意红火，但热度褪去后很快就关门大吉。让人意外的是，两年后的"孟婆汤"会让他再次红火，并引爆网络。

可见，新奇特引流方式只能作为店铺推广的一种辅助手段，而且只有不断推陈出新，才能维持店铺的热度和关注度。

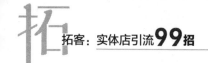

新奇特方式引流	
费用指数	★★
操作难度	★★★★★
效果指数	★★★★★
适用店铺	非冷门类实体店

第49招 宣传单引流

宣传单是实体店最常用的一种宣传引流方式。印制宣传单非常简单，门槛很低，因此被普遍采用。

正因为如此，线下各类商业机构的宣传单已经泛滥成灾，很多实体店主都反映宣传单的效果越来越不理想。例如，某洗车行印制了500份宣传单，组织五六名店员在空闲时间发放，结果由宣传单直接吸引来的顾客只有两名，一个做特价洗车，一个做特价保养。

事实上，并不是宣传单没有效果，而是常规的、普通的宣传单的效果已经不再明显，套用一个流行句式，即"不是宣传单没有效果，而是你的宣传单没有引流效果"。

笔者发现大多数店铺的宣传单出发点是错误的，他们的重点都放在了如何替自己宣传上，而忽略了顾客需求；那些效果良好的宣传单则恰恰相反，基本上是"对顾客有用为主，替自己宣传为辅"。

如何才能让宣传单对顾客有用呢？

1. 突出利益

利益式宣传单利用的人们爱占便宜的心理，通过宣传单可以使人们获得某种好处，如可以享受优惠价格、进店抽奖等。例如，肯德基、麦当劳、汉堡王等快餐连锁店都是直接将优惠券印在宣传单上。

2. 突出卖点

卖点要结合目标顾客的需求和心理来提炼，用通俗易懂的文字、图标表达出来。另外，对于门店卖点和优势的表达，尽量避免主观判断，即不要自己说自己好，要尽可能用数据、细节来描述证据。

例如，水果店直接宣传水果新鲜，顾客大多会视而不见；如果宣传点变为产地直采、不隔夜配送，并附上图片，那么说服力就会大大加强。这就好比前些年乐百氏的 27 层净化概念，企业直接宣称水纯净，对消费者可能效果不明显；但通过数据上的强化，就将其优势直观地凸显出来，能够从一众竞争产品中脱颖而出。

3. 突出实用

大多宣传单之所以被人随手扔掉，往往在于传单上除了广告，没有其他有用信息。突出实用性、功能性的宣传单则能够让受众愿意看、愿意保留。

案例 49-1

某高中课外辅导机构设计了一份宣传单，正面同其他宣传单并无明显差异，都是一些课程介绍、报价和优惠信息；但在背面有一些不同的内容，为国内"985""211"院校在各省市分布情况、往年在本省的录取分数线等数据列表。

业务人员发放宣传单时，会对该情况稍作提醒。结果，收到宣传单的家长、学生绝大多数小心翼翼地将宣传单收起来，完全不同于其他被随手丢弃的宣传单。

案例 49-2

2018 年世界杯期间，某烧烤餐厅为了吸引顾客，在场内设置了一个巨大的投影屏幕，用来直播世界杯比赛和周边节目。

为了扩大宣传效果，该餐厅白天还组织员工发放宣传单，不仅有餐厅

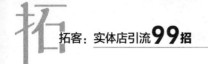

促销信息，还附有世界杯赛程信息、比赛结果等，吸引了很多球迷。

比赛期间，该餐厅每日客流爆满，大多是相约而来的球迷，人越多越热闹，越热闹人就越多。

如果对宣传单实在没有太好的思路和想法，建议直接在宣传单背面印上公交车线路表、本市地图、机场巴士时刻表，或者印一些趣味笑话、哲理故事、明星漫画、健康知识、经典段子等，也比只印刷广告信息要好得多。

一份成功的宣传单是建立在思考和用心之上的，在设计宣传单之前，要牢记以下几个关键点：

（1）目标顾客是谁？他们喜欢什么样的风格？宣传单对他们的价值何在？

（2）如何在 3 秒内让受众被宣传单所吸引？

（3）在哪里发宣传单？如何识别准客户？

（4）请谁来发宣传单？以什么形式发？如何监督？

宣传单引流	
费用指数	★★
操作难度	★★★
效果指数	★★★★
适用店铺	所有实体店

第 50 招　气质引流

每家商店都有独特的气质、气场，它是由店铺的主人、店员的状态、装潢、布局等因素综合决定的。

我们大都有过这样的体验：有时去某家店铺，说不上哪里不好，但就是感觉别扭和不舒服，甚至令人发怵、浑身不自在，这其实就是气场不合，这类店铺的气质不是我们所喜欢的。

气质和气场带给人的是一种很玄妙的感觉，气质相符，顾客乐意前来；气场不合，则顾客不会光顾。

更多情况下，店铺的气质和气场都是无形中散发出来的，甚至很难被人为控制，但店家可以通过对某些可控因素的调整来尽可能营造一种温暖的、柔和的、宾至如归的气质、气场，力争为顾客留下良好的第一印象，使之愿意登门。如果给顾客造成不好的第一印象，那么基本上不会有第二次机会去制造第一印象。

店铺气质和气场的打造要考虑"适时、适品、适所、适人"（"四适"原则）等要求。

第一，适时： 店铺总体装潢要符合当前乃至今后一段时间的流行趋势。

第二，适品： 店面的装饰风格与品牌定位、主销产品、主营服务相协调，避免违和感。

第三，适所： 店内的氛围与店面的性质、风格相一致，否则会失去个性，影响形象。

第四，适人： 适合顾客的偏好和敏感程度，让顾客产生一见如故和轻松、愉快的感受。

案例 50-1

基于"四适"原则，宜家在家居卖场内打造出了独一无二的体验环境。

1. 提供纸笔和量尺

给顾客一种设计师的感觉，当顾客拿起这几种工具时，就会感觉自我良好，觉得自己是专业的，同时这也是对宜家品牌形象的一种提升。

2. 可自己挑选搭配，进行 DIY

顾客可以在店内体验换灯罩、挑选窗帘、地毯、餐垫、墙上海报、毛巾配色等，仿佛一名家居布置达人。

另外，商家提供了像乐高玩具一样的说明书，可以增加顾客组装时的乐趣，也可降低心理压力。

3. 儿童娱乐空间

宜家的儿童区域就像是游乐园，家长填写单子后儿童才可入园，在这里儿童能得到悉心照顾，安全有保障。家长接孩子时必须凭借单子和密码。当小朋友玩得流连忘返时，家长就可以安心去逛商场和购物了。

4.宜家餐厅

宜家卖场内会提供较大的餐饮区域，用食物提升好感度，而且便宜。例如，在广州宜家卖场，顾客可以体验1元的冰淇淋、3元的热狗、15.5元的瑞典肉丸……宜家小餐馆前会时常排起小长队，咖啡厅里一座难求，不少人选择在广州宜家享受一顿下午茶。

宜家小餐馆、宜家咖啡厅、宜家瑞典食品屋不仅是顾客歇脚的地方，还是吸引吃货到店消费的原因，更有网友总结出宜家餐厅吃喝全攻略。

5.不打扰政策

除非主动询问，否则宜家店员完全不会打扰消费者。该服务政策让宜家卖场成为一个社交空间，一个体验空间，因为随处都有椅子可以坐下来聊天。这样就可以听到其他消费者的声音和观点，从而产生借鉴意义。

只有以人为本的商家才能营造出吸引人的店铺气质和气场。

"好的商场一定能让顾客发出'啊'的惊叹！"这是伊藤洋华堂中国区总代表三枝富博的观点，也是气质效应的最好体验。

伊藤洋华堂刚刚入驻成都时，为了解中国消费者的需求，三枝富博和下属专门去市民家里看过他们的冰箱和柜子，甚至动手翻看他们的垃圾。开店后，伊藤洋华堂有了更直接的方式，他们会直接询问消费者的不满之处，收集顾客之声，根据他们对停车场、商品、服务的反应迅速做出调整，改善顾客体验。

一名伊藤洋华堂员工这样说："很多顾客也说不清到底喜欢伊藤哪里？反正就是喜欢。"其实，顾客喜欢的是伊藤洋华堂真的"懂"他们。

你真的懂你的顾客吗？

气质引流	
费用指数	★★
操作难度	★★★★★
效果指数	★★★★★
适用店铺	所有实体店

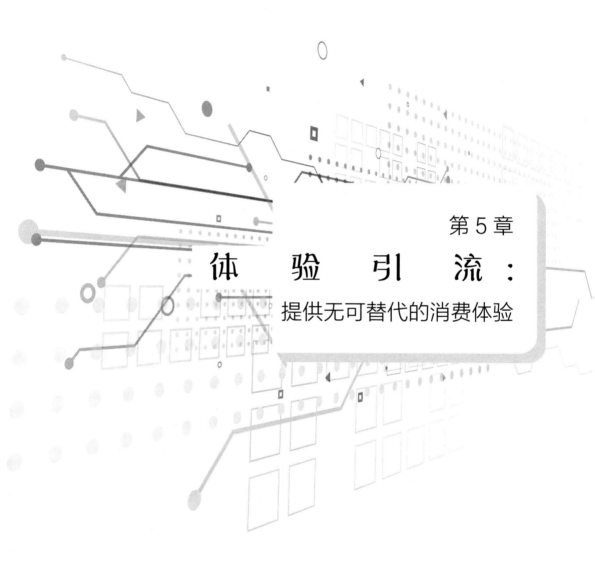

第 5 章

体 验 引 流 ：

提供无可替代的消费体验

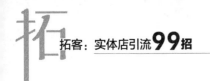

第51招　*服务引流*

经商者务必要有服务意识，作者曾在河北保定的一个温泉酒店看到过一本书《风雨孙大午》，书的勒口上有民营企业家孙大午的一句格言："人无诚信莫交往，人无笑脸莫开店。"

今天，顾客需要的是有温度的实体店，有温情的服务。

海底捞总裁张勇对服务的理解很深刻，他从大量的服务实战中悟出了一条准则：

"如果客人觉得吃得开心，就会夸味道好；如果觉得服务冷淡，就会说难吃。服务会影响顾客的味觉！"

黄铁鹰老师在《海底捞你学不会》一书中透露了这样一个细节：

半年下来，一毛钱一串的麻辣烫让张勇赚了第一桶金——一万元。一个年轻人捡一万元，或者父母给一万元，同卖20万串麻辣烫挣的一万元是不同的钱。前一个一万元是洪水，会一下把小苗冲走；后一个一万元是春雨，春雨润物细无声。

卖了20万串麻辣烫的张勇悟出来两个字——服务。

顾客去餐厅消费也好，去逛商场也好，去KTV也好，其实能够左右他们心情和满意度的最主要的还是人为因素，是服务因素，而不是物的因素、硬件的因素、产品的因素。

不具备服务意识的商家，不如别做生意。

1. 服务要恰到好处

什么样的服务才是最好的服务？服务刚刚好，便是最好的服务。

刚刚好的服务有四点要求。

第一，及时出现。顾客需要服务时，能第一时间出现，甚至能有所预判。

第二，因人而异。服务模式不要一刀切，根据顾客性格特征、需求和具体场景来确定。

第三，洞察心理。门店服务人员要学会察言观色，洞察顾客心理，在此基础上把控提供服务的尺度和频率。

第四，过犹不及。既不要过度服务，也不要零服务；既不要过度热情，也不要态度生硬，一切以让顾客感觉舒适为准。

案例51-1

中国台湾的鼎泰丰要求每个员工都要学会观察顾客的一举一动，据此猜测他们的想法，目的是做到"想在顾客之前"。例如，在鼎泰丰的新员工培训里有一项"听筷子掉落"的特殊训练课程，服务员要学会根据声音辨别筷子掉落的方位，并且赶在顾客呼喊服务员之前的第一时间为客人送去新筷子。

在鼎泰丰看来，这就是刚刚好的服务。所谓刚刚好，是一种恰到好处的优雅与热情，没有殷切过头，没有为了服务顾客而绞尽脑汁，有的是及时送顾客所需、令顾客欣喜的独特体验。

2. 暖心的细节服务

相对中国电商对实体店的巨大冲击和颠覆，日本电商的发展相对滞后，而实体店的生意则依旧火爆。

日本实体商业之所以能够抵挡住电商的冲击，很大一部分原因是其超级人性化的服务细节，日本实体商业的本质，已经从"买卖关系"过渡到了"服务关系"。

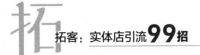
在日本商场，顾客选购服装期间，售货员都会很耐心、细致地关照每次试衣，并做适当介绍，推荐颜色款式搭配，给出个人建议。如果顾客没有选购到合适的款式，店员会深深鞠躬说："非常抱歉！您在这里没有挑选到适合您的东西，欢迎下次再来。"甚至店员还会推荐区域内同品牌店铺，还会提供地址与图册给顾客参考。

这是日本实体商业的尺度，该尺度唯一的标准是人——通过暖心的服务细节，表达对人的尊重与关注。

有温度的店铺，离不开有温度的硬件、有温度的消费环境，更少不了人的因素，离不开人为的温情服务。

顾客服务的每个细节都值得实体店经营者"斤斤计较"，随时随地强调"人"的方便性，只有将人性化融入服务之中，才能让更多顾客看得见、摸得着、感觉得到服务的温度。

服务引流	
费用指数	★
操作难度	★★★★
效果指数	★★★★★
适用店铺	所有实体店

第52招 安全感引流

产品让顾客放心，服务让顾客满意！

这句话被很多商家拿来作为营销宣传口号。但实效却恰恰相反，顾客似乎对什么产品都不放心，担心被忽悠，担心受欺骗。

实际上，最好的用户体验，最好的营销效果，不仅仅是成交速度快，也不仅仅是产品的价格便宜和性价比高，而是在合理的价格范围内保证产品和服务的品质如一，做好服务，让顾客放心。这样才会提高顾客复购率，提高产品的口碑，为店铺带来可持续的客流和生意。

下面来看一个案例。

案例 52-1

麻辣烫是一种常见的街头小吃，美味价廉，深受大众喜爱，但它却让消费者很不放心，原因如下。

麻辣烫多是街头露天售卖，汤料中难免会随风混杂入各种灰尘、垃圾、尾气，几乎所有的摊主好几天才换一次汤料，甚至半月都不换，不仅不卫生，而且会产生致癌物，存在严重的安全隐患。

口味单一，一锅煮，没有其他选择。一般的麻辣烫都是一种口味，在一口方形容器中煮用，不能满足消费者的个性化需求。

一家经营惨淡的麻辣烫小店，针对以上行业问题进行了针对性的改善，结果仅用了一周的时间，就将小店的日流水从一百多元提升至四千多元，生意火爆，消费者每天都排着长队来吃麻辣烫，而附近竞争对手的摊位则鲜有人问津。

这家小店采取了哪些改善措施呢？

第一，彻底解决老汤问题。 将麻辣烫调料和水分开，采用正宗的山泉清水煮菜，保证菜的原汁原味，保障水质安全。为了让用户放心，还将桶装水直接展示出来。

另外，规定了严格换水时间。为了确保顾客的身体健康，该店严格遵循"一小时换一次水"的规定，并欢迎所有顾客监督。

第二，推出多种口味。 由于调料和水分开，一方面保证了安全；另一方面也可以调制出多种口味的调料，顾客可以自由选择搭配，从而满足不同口味顾客的需求。

同样价格的街边小吃，如果有一家更安全、更卫生、更健康，有多样化的选择，并且这种安全是呈现在消费者面前的，是亲身可见的，那么，作为理性的消费者，应该如何选择？答案不言自明。

试想一下，如果门店提供的产品、服务能让顾客感觉到安全、放心，那么

消费者和商家之间交易的最大障碍将会消失，这种局面下，引流拓客甚至都不需要商家刻意而为，顾客都会帮助商家四处传播。

缺乏安全感是当今消费者的一大痛点，实体店的引流拓客工作可从满足用户安全需要的角度来切入，会更加富有成效。

安全感引流	
费用指数	★
操作难度	★★★★
效果指数	★★★★★
适用店铺	所有实体店

第 53 招　峰终效应引流

通常，我们对某件事情的评价并不是依据事情的所有细节、所有环节来全盘考虑的，而是依据某些特殊节点或者尾声来作为重点评价依据的。

例如，儿童打防疫针之后如果能得到一块糖，那么他们就会忘记打针时的痛苦感，打针的总体体验是甜美的；人们去餐厅用餐，前面环节都非常满意，包括对服务、菜品质量等，但却在买单环节遇到了态度恶劣的收银员，那么其对该餐厅的所有好感都会由于结尾处的负面体验而烟消云散。

这些现象反映的其实都是心理学上的著名效应——峰终效应。

峰终效应是由心理学家、诺贝尔奖得主丹尼尔·卡内曼在深入研究商家体验营造效果和顾客体验感的基础上总结出来的，这种心理反应会影响顾客对消费体验的总体感知，决定其下一次是否还愿意继续光顾某商家。

这种现象其实是人的认知思维在潜意识里作祟，简单来说，先向人展示一个负面信息，再展示正面信息，那么人的总体感知仍然是偏正面的，反过来则恰恰相反。

这一心理效应的发现为企业和商家打开了一扇窗，有助于他们提供更具吸引力和满意度的服务模式。有些商家很善于利用这一效应，另一些商家可能并不了解该效应，但其服务理念和服务模式也暗含了这一心理效应。

案例 53-1

宜家卖场内的顾客行进路线设计得非常复杂，也很有讲究，目的是让顾客尽可能逛遍店内所有区域，同时尽可能避免让顾客直奔主题，轻易找到目的地。

尽管路线有些反人类，但很多顾客还是愿意逛宜家，因为商家在顾客行进路线中设置了一些能带来良好体验的"峰"，如物美价廉的挂钟、便宜的羊毛毯及瑞典肉丸等，这些都能给顾客制造一些额外的惊喜，从而抵消其在漫长行走中的不良体验。

当顾客逛完后，设置在收银台附近的性价比超高的一元冰激凌又会给顾客一个深感兴奋的临别"终"体验。

这样，当顾客回忆起宜家的购物之行时，整个过程都充满了美好的回忆。

案例 53-2

海底捞的"峰"是友善的店员和周到的服务，"终"是店员的注视、微笑以及优惠赠品。尽管整个服务过程中有排长队、价格贵、长时间等待制作、不易找到座位等很多差的体验，但是顾客下次还是愿意去。

人们对一件事的印象往往只记住两个部分，一个是过程中的最强体验——峰，一个是最后的体验——终。

可惜的是，作者接触的很多实体店经营者并没有意识到这一点，对"终"环节的顾客体验不够重视，白白流失了很多会重复购买的回头客。

这个结论非常重要，要求商家要么在峰值上、要么在最终环节、要么在节点上的某个瞬间设计一些能给顾客带来良好消费体验的独特项目，同时尽可能消除所有有可能带来负面消费体验的因素，如此双管齐下，峰终效应的引流效果才能得到最佳释放。

顾客离开时，做好最后的"临门一脚"，就能把客户体验的好感拉高，让他们成为回头客。同样的客户体验也可以在客户进店前就做，而且还能引流到店。

峰终效应引流	
费用指数	★
操作难度	★★
效果指数	★★★★★
适用店铺	所有实体店

第 54 招　感动式引流

感动式引流，即经过感动式营销、感动式服务，让顾客在消费过程中感动、心动，从而促使其产生冲动和行动。

在现实商业环境中，感动其实是一种稀缺资源，正是由于稀缺，消费者才更渴望感动。而这种感动需求的客观存在，正是进行感动营销、感动引流的基础。

成功的感动营销，其功效往往是"感动一次，记忆一辈子"。

案例 54-1

日本东京涩谷区有一家名为 Casita 的西餐厅，该西餐厅老板从不打广告，但是顾客每日爆满，都是老顾客口口相传而来的。顾客吃饭需要提前一个月预定，在该餐厅用过餐的顾客称"在这里能被感动到哭"。

这家餐厅有一间专门用来接听订餐电话的房间，每一次预订通话都会进行很长时间，接线员会对预订顾客的所有情况进行详尽的了解，如顾客姓名、生日、口味、喜好、同行人信息等。

顾客预订后，餐厅即开始进行相应准备。在传统每日营业前，店长、厨师、店员会召开一场长达两小时的会议，对预订的顾客信息进行逐条分析，以便提供针对性的完美服务。

用餐当日，当顾客发现店员欢迎的鲜花和掌声、看到绣有个人名字的手工手绢、接受服务员"鉴于你最近身体状况如何，建议您选择某某菜品"的建议、看到出现在咖啡杯里用奶油绘制而成的结婚纪念日时，很多顾客都为之尖叫，为之流泪。

　　Casita 始终将顾客第一主义作为餐厅的最基本准则，以提供超过顾客期望感动和惊喜的服务作为使命，一步一步脚踏实地，被顾客称为"奇迹餐厅"。

　　客观地说，相对于服务业更发达、服务水准更高的日本，中国的消费者是很容易被感动的，商家只要用心服务好顾客，被感动后的顾客甚至会想方设法回报商家，其中最直接的方式是再次光顾，间接的方式便是口碑相传。

　　罗伯特·西奥迪尼在其《影响力》一书中提及的互惠原理反映的就是这个道理，人们在接受了别人的帮助与关怀后，如果不回报就会有歉疚感，这种歉疚感就会通过口碑推荐的形式回报给商家。

　　实体商家要感动客户，重在服务环节，优质的服务必不可少。通过服务来感动客户，让客户从"没有不满意"到"满意"，从"满意"到"忠诚"。

1. 提供人性化服务

　　实体店的顾客服务应涵盖顾客消费的每一个节点，做好换位思考，具有同理心，对顾客进行家人、朋友式的温情关怀，感动顾客，温暖顾客。

　　要真正把顾客当成自己的朋友和亲人，处处为顾客着想，时时为他们提供方便，使顾客能感受到消费环境的温馨。

2. 提供差异化服务

　　服务本就是电商的短板，实体店应紧紧抓住这一机会，进行服务升级，提升服务水准，用温情的服务来打动顾客。

　　服务差异化策略实施到一定境界，不仅能形成对于电商的差异化优势，甚至也能将线下竞争对手远远甩在身后。

　　例如，以"变态服务"著称的海底捞，不仅被餐饮同行嫉妒，甚至还引来了跨行业的学习者。

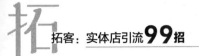
3. 提供超越常规化服务

为顾客提供规范外的额外服务，这一点最容易打动顾客的心，最容易给体验者留下美好的印象，也最容易招来回头客。

但是，感动式营销并不是刻意求来的，不要刻意制造感动，骗取消费者"廉价"的感情，这样也许一时能"吸引"或许"打动"消费者，但那不是消费者内心的感动。追求目的不同，结果不同，最终消费者会摒弃不讲诚信原则的商家。

为了感动而去制造感动，将得不到感动的回报。

感动式引流	
费用指数	★
操作难度	★★★★
效果指数	★★★★★
适用店铺	所有实体店

第55招 利他思维引流

著名企业家、哲学家稻盛和夫说过："利己则生，利他则久。敬人者人恒敬之，爱人者人恒爱之，如此而已。"

稻盛和夫所说的经营者"利他之心"，即"为他人着想，为他人好，为社会为世人尽力"。稻盛和夫认为，以"利己"欲望经营企业的人，其成功决不能持续。商业必须基于"自利·利他"思维方式进行，以利他之心经营企业，这是超越行业、超越国界的"真理"。

因此，他在六项精进的第五项原则中提出："积行善，思利他。"他在自己一生的经营哲学中也一直奉行利他原则。

实体店经营者也要学会利他思维，善于从对方的思维、对方的利益上来考虑问题。

案例 55-1

信誉楼百货门店里有一本名叫《视客为友：案例选编》的小册子，其中一个名叫孙婷的营业员讲了这样一个故事：

"一天中午，一位三十多岁的男顾客来选项链。顾客不在乎多少钱，只想要一个克数大点的。根据顾客的身高，我帮顾客选了一款竹节加橄榄型 50 多克的项链，但是顾客为了更气派，执意想选一个克数更大一些的。我拿了一个 70 多克的项链让他对比，但大克重的项链对于他的身材条件来说显然过于夸张。

我就对顾客说：'男士戴黄金项链，本身就代表着气派，只要合适就行，不一定越大越好。这款 50 多克的就很适合您。'

顾客比了比，觉得很满意，说：'要是在别处，肯定说 70 多克的好看。还是信誉楼的服务更真诚，就给我拿这款 50 多克的吧！'顾客临走时连声向我感谢。

因为顾客对我的信任，我感觉很有成就感。"

这个案例反映的就是典型的利他（顾客）思维，具备真利他思维的店员不仅不会过度推销，还会处处为顾客着想，他们对自己提供的产品、服务，乃至对顾客，从来都是充满真诚的。表面上看，这只是偶然现象，是个例，其实不然，作者更愿意相信他们是企业文化、员工培训、价值导向、服务意识、绩效考核等多重因素综合发力的结果。

如果商家只有利己思维，那么其员工显然会将顾客分出三六九等，区别对待，区别服务；如果商家是利他思维、顾客满意驱动型的，并以此来要求、考核员工，那么员工的行为必然会向让顾客满意的方向靠拢，而不单单是为了成交，不单单是为了说服顾客多消费，而会真正站在顾客的立场上去考虑问题。

这样做，短期看，商家损失了一些营业额，但收获的是良好的口碑和持续的回头客。

时刻站在顾客的角度，以利他思维替顾客着想，设身处地去考虑顾客的利益，这样才能真正做出最受顾客欢迎、市场认可度高的产品和服务。

因此，商家不妨换一个思路，优先考虑顾客利益。总想着赚钱，往往赚不

到钱，先把赚钱、业绩放在一边，先去满足顾客利益，顾客满意了，口碑好了，早晚会赚到足够的钱。

当然，要真正做到这一点非常难，而且其见效也是一个长期的过程，它考验的是经营者的格局、心性和耐心。

利他思维引流	
费用指数	★★
操作难度	★★★★★
效果指数	★★★★★
适用店铺	所有实体店

第56招 痛点思维引流

"顾客的痛点是什么，你是如何解决的？"

这是实体店经营者应牢记于心的一个问题，它又可以分解为几个小问题：

第一，顾客的需求在哪里（顾客的痛点是什么）？

第二，如何满足顾客需求（如何消除顾客痛点）？

第三，顾客是否会为你的解决方案买单（顾客是否愿意为消除痛苦付费）？

对于痛点的定义，行业内说法不一，作者所理解的痛点是指用户在使用产品或服务的过程中，因更高、更挑剔的需求未被满足而形成的某种心理落差和不满，这种落差和不满会在用户内心聚焦成一个点，成为负面情绪爆发的原点，让用户感觉到痛苦。

找痛点，是一切产品和服务的基础，也是一切创新的基础。

案例 56-1

如今独生子女越来越多，孩子成为家长的心头肉。把孩子送到幼儿园是子女成长过程中必须要经历的一个过程，但却让很多家长割舍不下，担忧不已。

一些了解家长心理的幼儿园聪明地提出了"让家长放心"的宣传口号。

其实，家长很不放心。家长最大的痛点是什么呢？他们最担心的问题又是什么呢？

- 担心孩子在学校哭闹
- 担心老师在"家长面前一套、背后一套"
- 担心孩子在学校吃不好、睡不好
- 担心孩子受到老师虐待
- 担心孩子安全问题
- 担心孩子受到同学欺负
- 担心老师威胁孩子，孩子敢怒不敢言，幼小的心灵受到伤害

……

这些不放心的背后，其实反映了家长们的几点强烈需求：

- 渴望老师能尽快引导孩子适应园区生活
- 渴望孩子吃好、喝好、睡好
- 渴望孩子健康快乐成长
- 渴望孩子的安全得到绝对保障
- 渴望孩子能够得到健康营养的饮食
- 渴望老师更具同理心和责任心，能像对待自家孩子一般对待学生

……

试想，如果线下幼教培训机构具备痛点思维，能够针对家长的上述"不放心"、上述痛点来完善改进园区服务、制度、办学理念、教学安排，再配合以相应的营销宣传措施，那么定能在当今竞争激烈的幼教培训"红海"市场中打造出自身的差异化竞争优势，开创出一片用户认知度极高的"蓝海"市场。

只要有人的地方，就有痛苦存在；只要有痛苦，就有商机存在。但只有顾客的痛苦被激活并放大后，才会带来成交。

例如，一个人很胖，就一定有减肥需求吗？就一定会花钱购买减肥产品吗？不一定。

只有因为自己的肥胖影响到自己的生命健康时，影响到自己的婚恋时，他／她

才会感受到痛苦，才会想到减肥。但只有你的减肥产品足够好，他们才有可能选择找你购买减肥产品。

所以，实体店经营者要明白一个逻辑：有了问题，顾客才会产生痛苦；痛苦足够大，才会产生需求；相应产品或服务的性价比足够好，顾客最终才会购买。

基于顾客痛点的营销引流工作通常有三个步骤。

第一步，诊断痛点。去感悟顾客的所感所想，发现他们的痛点，诊断顾客痛点的最终目的是满足顾客需求、占领顾客心智。

第二步，凸显差异。痛点的本质是基于对比，只有找到自己产品、服务和竞争对手的差异，提炼出差异化优势，才更容易打动顾客。

第三步，证明受益。要形象、具体地将产品、服务所能带给顾客的差异化价值、受益效果展示出来，切记，不是空泛的描述。

找顾客痛点时不要自以为是。作者发现，很多商家会掉入"伪痛点"的陷阱。"伪痛点"即不是主流用户的痛点和需求，通常是门店经营、营销人员根据自身经历或是主观臆断，自以为是，揣测总结出来的"用户"痛点和需求。

例如，某创业者研究本地烧烤摊之后发现，很多商户卖的都不是真羊肉，而且卫生状况堪忧。他自以为发现了消费者的痛点，因此打造了一家高大上的烧烤餐厅，羊肉货真价实，当然价格也高，但餐厅开业后，基本没有人来。

因为喜欢出家门来吃烧烤的顾客收入通常都不是很高，就餐环境甚至是否是真羊肉并不是他们最在意的，他们在意的是能喝酒就行，好吃就行，便宜实惠就行。

因此，很多商家自以为发现了顾客痛点，其实并不是从顾客的真实需求出发，而是简单地凭直觉，依据自己的思维模式、知识结构、文化背景、生活经历来做判断。

这是非常严重的错误，容易造成错误的商业决策，造成不可挽回的损失。

痛点思维引流	
费用指数	★
操作难度	★★★★★
效果指数	★★★★★
适用店铺	所有实体店

第 57 招　信任引流

在复杂的商业社会里，要想得到人的信任难度非常大，而商家要得到有利益冲突关系的顾客的信任更是难上加难。

但是，商家一旦赢得了顾客的信任，就会大大降低交易成本和获客成本，提高顾客到店率。

顾客和商家之间只要建立了信任，顾客就可以放心消费，就可以大胆进行冲动消费而不用后悔，也不用担心上当受骗。另外，建立了信任关系的顾客通常是忠实顾客，会帮助店铺进行口碑传播。

实体商家要着手从三个维度来打造顾客信任。

1. 顾客对店铺的信任

对店铺的信任建立在店铺装潢、内部陈设之上，即门店的专业性、权威性和店铺文化是否得到有效展示，如荣誉、证书、奖励、锦旗、牌匾等都可以用来强化顾客对店铺的信任。例如，某老中医坐诊的中医馆内部挂满了锦旗、奖状，储物架上摆满了各种荣誉证书，这显然会增强顾客的信任度。

2. 顾客对店员的信任

店员是门店同顾客建立关系的纽带，也是促销成功的关键所在，顾客只有建立了对店员的信任，才有可能消费。

案例 57-1

作者的一个朋友在某二线城市开了一个家电卖场，以往他一直认为消费者到家电卖场消费，关心的第一是价格；第二是服务；第三是质量。

后来他感觉自己的判断有偏差，于是花了 30 万元请一家市场调查公司进行调查研究，结果发现之前的认知确实错了。真正左右顾客是否来家

电卖场的是顾客对员工的信任度，只要顾客信任员工就行了，其他的都是次要的。

如何才能建立顾客对店员的信任呢？除了真诚服务外，还要学会换位思考。

在一些营销类书籍和销售培训课堂上，我们经常可以看到、听到关于"如何把梳子卖给和尚"的故事，他们甚至主张"将任何东西卖给任何人"。对于这些观念，从销售方的角度来看没有任何问题，但对于顾客而言就是糊弄与欺骗。

在这个问题上，店员务必要学会换位思考，多替客户着想。也许商家可以凭借自己的三寸不烂之舌让和尚购买自己的梳子，店员也可以说服顾客购买他们本不需要的商品，但是，一旦顾客反应过来，发现自己被忽悠时，就会感觉上当受骗，甚至会因此而恼羞成怒。

这样的成交必然也就成了一锤子买卖，严重的还会招致负面口碑，这种情况显然不是有追求的商家愿意看到的。

3. 顾客对产品、服务的信任

营造产品信任，不是一味宣传产品、服务的优势，更不要轻易诋毁竞争对手的产品、服务，而应当换一种思维、换一种方式去对顾客进行说服。例如：

- 当竞争对手都习惯自夸时，可以提供一套产品、服务好坏的判断标准给顾客，让他们自行判断；
- 当竞争对手自夸产品功能完善时，可以告诉顾客功能并非越多越好，关键要看自己需要什么；
- 当竞争对手口头承诺售后服务时，可以向顾客传达本店的售后详细流程和案例；
- ……

其目的是让顾客将产品、服务的判定标准同自身需求结合起来，再根据商家提供的产品、服务的属性、优势进行理性选择，能够有效提升顾客对店铺产品、专业度的信任。

总之，商家要学会围绕顾客，把握顾客的需求，重构营销模式，去满足他们未被满足的需求，解决相互间信任的问题。其核心是要解决顾客心中的六大疑问：

第一，你是谁？

第二，你要卖给我什么？

第三，你卖的东西对我有什么好处？

第四，怎么证明你在店里的描述是真实的？

第五，我为什么要在你这里买？

第六，我为什么要现在买？

消除了顾客心中的这些疑问和信任障碍，那么拓客、成交都将不是问题。

信任引流	
费用指数	★
操作难度	★★★★
效果指数	★★★★★
适用店铺	所有实体店

第 58 招　用户思维引流

互联网为什么能够颠覆传统行业？因为从工具到思维，从产品到服务，从模式到人才，互联网企业都比传统产业的效率高得多。

用户思维恰恰是互联网思维的第一核心，互联网思维引申出的其他思维都是用户思维在价值链不同层面的延展，如雷军提出的"专注、极致、口碑、快"就是用户思维的体现，周鸿祎所讲的"体验至上、免费策略"也是用户思维的体现。

就实体店而言，用户思维对应的其实是商家思维，二者的区别在于：

● 商家思维的核心：一切以销售、营利为目的；

● 用户思维的核心：一切从消费者需求出发。

看似"精明"的商家思维未必能带来持续的客流，而看似"笨拙"的用户思维往往能够真正打动顾客的心。

由陈宝国、秦海璐、刘烨等主演的电视剧《老酒馆》中，酒馆大掌柜陈怀海有一番话说得很形象："您就说打古自今，那些个贼眉鼠眼，恨不能拿眼睛，就把客人兜里的银子给人剜走，虮子掉锅里头，还得数几条腿的那些生意人，有发财的吗？"

"恨不能拿眼睛，就把客人兜里的银子给人剜走"，就是典型的商家思维、商人思维。

案例 58-1

某商业街有两家紧挨着的店。

一家是理发店，店内装潢干净整洁，价格也不高，吸引了很多开通会员的顾客。

按说理发是刚需，该店的位置也不错，有一批附近商圈顾客群支撑，只要能维持服务水准，就能开得下去。

但是，该理发店半年不到理发店就倒闭了。

第二家是特百惠产品专卖店，店铺不大，销售的保鲜盒价格都不便宜，人们原以为这家店也开不久。出人意料的是，这家店却越开越红火，后来店主忙不过来，还雇了一名店员。

两家店差距如此大，原因何在呢？

原来，理发店开业时推出的会员卡吸引了一批顾客，但是很多顾客没有注意到会员卡下端还附有"有效期 3 个月"的小字，于是出现了很多顾客卡内余额还没用完的情况下，会员卡就过期不能再用的情况。

渐渐该理发店负面口碑爆发，愿意去的人越来越少，吸引不了附近居民，理发店当然也就开不下去。

第二家小店店主是一名年轻的妈妈，她善于维护顾客关系，打造了微信社群，经常做促销活动。另外，她不仅卖保鲜盒，还在店内免费教顾客做甜品和创意饮品，这些附加服务对顾客有很强的吸引力。

理发店老板格局低，只顾自己赚钱，是典型的商家思维，甚至牺牲顾客利益，因此顾客只会越来越少；特百惠专卖店老板具有用户思维，在确保产品质量的同时，还能为顾客提供增值服务，所以越开越红火。

用户思维，主张先把赚钱放在次要位置，它关注的是活生生的"人"，是一个个鲜活的顾客，而不再是"物"，不再只是产品。它的聚焦点由产品、市场转移到了顾客身上，是切实围绕顾客的核心需求，用心满足顾客需求的一种经营模式，旨在从产品、服务、文化、体验等各个层面满足顾客的个性化需求。

用户思维主导下的"商家 - 顾客"关系中，顾客得到的不仅仅是物质层面上的满足，更有情怀、精神、文化和思想层面的满足，目的是让顾客开心、快乐、愉悦地去消费。

用户思维引流，需要的是慢功夫，赢在长期效应，带来的顾客不易流失。

用户思维引流	
费用指数	★
操作难度	★★★★
效果指数	★★★★★
适用店铺	所有实体店

第 59 招　新概念引流

随着技术和体验营销的加速创新，新零售、无人零售、智慧零售、无人门店、全渠道零售、O2O 等新概念层出不穷。

新概念的不断涌现也在影响和冲击着线下实体店，一些具有前瞻性的商家开始积极主动接受新概念、拥抱新模式，利用新技术推陈出新，提供更便捷的服务、更好的消费体验、更人性化的服务细节，这样就能够迎来发展上的拐点，也能够获得更多消费者的青睐。

案例 59-1

2016 年 1 月 15 日，盒马鲜生的第一家门店——上海金桥广场店正式开门营业，盒马 APP 也同步上线。

这家店设计了 30% ~ 40% 的餐饮体验区，可以生熟联动，顾客可以一边通过 APP 选购生鲜产品，一边品尝店里现行烹制的牛排。它表面上看上去是门店，但店面之后还有一个物流配送中心，用来支持线上的销售，可将订单在 30 分钟内送达 3 千米范围内的用户，确保生鲜产品的新鲜。

盒马鲜生看上去既不像超市、便利店、餐饮店，也不像菜市场，但又有四者的影子，业内很多人说盒马鲜生是跨界经营的"四不像业态"。从物理层面看，这是一家典型的线下门店，但又处处透露着强烈的互联网基因。

开业当天，金桥店迎来 5000 余名顾客，实现了 10 余万元的销售收入；开业第 2 个月，客流量开始大增，尤其是周末的销售额已经达到开业当天的 10 倍，盒马鲜生的首家门店实现了开门红。

盒马鲜生通过打造"生鲜超市＋餐饮＋物流"的新概念、新业态、新零售，实现线上（做交易）、线下（做体验）充分融合，以优质体验占领消费者心智，形成消费黏性。盒马鲜生在新概念零售上的尝试和推陈出新赢得了消费者的放心，吸引了大量客流。

盒马鲜生的吸引力不仅在于其新颖的服务模式本身，其对零售新概念的尝试也不是浅尝辄止，仅仅作为博取顾客眼球的噱头，而是进行了深刻的内部变革。

商家的生意繁荣，门店里的人潮涌动，表面看是由全新的门店体验等看得见的前台系统所带来的，实则是由其强大的后台系统在支撑。

第一，精准算法支持。盒马鲜生借助大数据、移动互联网、智能互联网和自动化技术及相应的先进设备，通过精准算法实现了人、货、场三者之间的最优化匹配。

第二，高效精准拣货。盒马鲜生采取的是分布式拣货方式这种方式不同于传统仓库"一个人拣完订单中所有货品"的方式，而是采用算法把订单打散，让不同的拣货员就近拣货，提高了工作效率。

盒马鲜生经营的所有商品都有专属的电子价签和条码，因此每个拣货员都可用 RF 枪工作，确保拣货、合单、发货的高效准确进行，确保将订单拣货环节的时间严格限制在 3 分钟之内。

　　具体的拣货流程如下：门店消费者选完货后可以通过物流传送带将货物直接送到收银台；通过 APP 下单的消费者，门店接到订单后，店内相应的商品品类部门会直接把货架上标准化、独立包装的商品装进保温袋，再推送至运输系统，自动分配给相关配送人员，这一连串动作都将在一分钟内完成，随后店员会在一分钟内从库房提取商品补充至货架之上。

　　第三，线上线下智能拼单。盒马鲜生的线上线下数据被充分打通，消费者既可以单独线上、线下消费，也可以随意在线上、线下进行智能拼单。例如，消费者在盒马鲜生的某家门店下单后，返回路上突然想起遗漏了某件商品，此时可以打开智能终端设备上的盒马鲜生 APP 实现线上加单，而盒马鲜生的系统会自动将该消费者的两个单拼接在一起，实现统一配送。

　　盒马鲜生的高效率机器带给用户的独特体验，得益于其线上与线下、前台与后台、人工系统与信息系统、物流系统与销售系统等各个方面的优化组配。

　　盒马鲜生高效率满足消费者需求只是表象，根本原因在于其强大的后台系统，这才是其零售新概念得以落地开花的关键因素所在。

　　因此，线下实体商家在借助新概念进行引流时，如果从营销的角度对新概念进行包装，以此为噱头，也能吸引一波流量，但是难以持久；如果想要获得持久的客流，就需要进行脱胎换骨的变革，进行大投入，自我革命。

新概念引流	
费用指数	★～★★★★
操作难度	★～★★★★
效果指数	★★★★★
适用店铺	非冷门类实体店

第 60 招　顾客名录引流

　　建立顾客名录，并以此为依托对其进行售后维护、精准营销，有助于培养消费者的忠诚度，稳定核心消费群体，加强商家同老顾客之间的密切互动，打造商家和顾客之间的"强关系"，提高服务力，做到对消费者的可触达、可洞察、

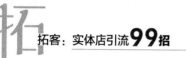

可服务，使之成为商家的种子客户、忠实客户，带来良好的口碑引流效应。

顾客名录引流法有两个层面的应用：

第一，名人顾客名录引流。如果门店有名人顾客光顾，要充分借助该资源进行放大营销，扩散引流。

案例 60-1

法国巴黎有一家历史悠久的银塔餐厅，已经延续了 400 多年，当初是由法国国王亨利三世的侍从所开，其核心产品是血鸭，采用的都是两三个月大的罗亚尔河畔的走地幼鸭。

银塔餐厅接待过数不胜数的历史名人，其中有英国国王爱德华七世、法国作家巴尔扎克、德国首相俾斯麦、英前首相丘吉尔、戏剧大师卓别林、日本裕仁天皇、美国前总统肯尼迪等，这些食客的照片、画像都被挂在餐厅内。

餐厅有一项别出心裁的传承，即一直在记录、编制食客所吃鸭子的编号，如爱德华七世吃的鸭子编号为 328，喜剧大师卓别林为 253652 号，影星伊丽莎白·泰勒为 579051 号。有意思的是，日本裕仁天皇第二次世界大战时期去吃过一次血鸭，编号为 53211；50 年他又重新去吃了一次血鸭，这次的编号为 423900。

2003 年，该餐厅举办了一场"百万庆典"活动，庆祝餐厅售出了百万只血鸭，当时其宣传语"你吃的是第几只鸭"风靡一时。

最初，该餐厅老板之所以对出售的鸭子进行编号，主要是为了打假，但谁也没料到，这个小举措如今成了餐厅最大的引流招牌。

据说，仅日本裕仁天皇这一个回头客，每年就为该餐厅吸引了上万名来自日本的顾客。

有了很多名人食客名录这一金字招牌，银塔餐厅很少做宣传，只是将精力放在产品配方和口感的改良上，但却从不缺顾客。

第二，普通顾客名录引流。能够吸引名人顾客的商家少之又少，但普通顾客也可以用顾客名录的形式去记录，去维护，而且重在维护，以期带来更多的回头客和口碑转介绍客，这一点同第一条略有不同。

案例 60-2

于先生去泰国出差，入住了东方饭店，饭店的贴心服务给他留下了深刻印象。当他第二次入住时，东方饭店在服务上的几个细节更让他感动。

当他走出房门准备去餐厅时，服务生恭敬地问道："于先生，是要用早餐吗？"

于先生很奇怪："你怎么知道我的姓？"

服务生说："我们饭店有规定，晚上要背熟所有客人的姓名。"

于先生很惊讶，他心情舒畅地来到餐厅，餐厅迎宾服务生立马说："于先生，里面请。"

看到于先生疑惑的样子，服务生解释说："客房服务员打电话说您已经下楼了。"

他走进餐厅，服务小姐微笑着问："于先生还要老位置吗？"

于先生的惊讶再度升级。

服务小姐说："我刚查过电脑记录，您在去年 6 月 8 日在靠近第二个窗口的位子上用过早餐。"

于先生听了很兴奋，"老位子！老位子！"

小姐接着问："老菜单？一个三明治，一杯咖啡，一个鸡蛋？"

于先生兴奋到了极点："老菜单！就要老菜单！"

后来由于工作繁忙，于先生没再去过东方饭店。三年后，他生日时突然收到了一封来自东方饭店的贺卡："亲爱的于先生，您已经有三年没有来我们这儿了，我们全体人员都非常想念您，希望能再次见到您。今天是您的生日，祝您生日快乐。"

于先生激动得热泪盈眶，发誓要说服所有亲友，如果去泰国一定要去住令他终生难忘的东方饭店。

实体商家如果能借助顾客名录，将售后顾客维护和老顾客服务做到如此用心、如此体贴入微的程度，顾客自然会流连忘返，也会主动将商家的良好口碑传播出去。

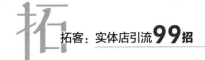
顾客名录引流	
费用指数	★
操作难度	★★★★
效果指数	★★★★★
适用店铺	所有实体店

第61招　怀旧引流

　　人都有怀旧之心，年龄越大越容易怀旧。怀旧引流，就是商家通过一些特定旧元素的刺激来激发消费者潜藏在内心深处的怀旧情感，勾起他们的某种回忆和情感，从而同提供这种怀旧元素的商家建立情感上的共鸣和链接，以此引发其消费倾向。

　　怀旧通常是某个群体、某个年龄段人群的一种共同情绪触发，而随着近年来情绪消费逐渐成为一股强大的消费推力，那些能够在某种程度上借助怀旧营销来触动消费者情怀的商家通常能收获情绪消费的红利。

案例61-1 ●

　　上海某餐厅以"怀旧音乐"为主题组织了一支中老年人乐队，每天晚餐时间会有伴奏，音乐以英文爵士乐、邓丽君等乐种为主。装修风格汇具有明显的欧洲古典哥特式、巴洛克式、拜占庭式风格，有效突出了老上海的怀旧特点。该餐品以上海本帮菜为主，官府菜和印度菜也是餐厅特色，其特色菜品主要有锡纸铁板鳕鱼、百叶结红烧肉、四鲜烤麸、上海菜泡饭、上海生煎。餐厅顾客多是喜欢怀旧音乐的老上海人。

案例61-2 ●

　　一家以"武侠"为怀旧主题的餐厅，内部采用竹制仿古代的装修风格，墙上挂有兵器和武侠人物贴图。

顾客到此不能点菜，名曰"人在江湖，身不由己"，餐厅的二庄主会在询问了顾客忌口等问题后，根据用餐人数，按照营养搭配为食客上菜，然后食客可以加菜、减菜、换菜。

餐厅的一个最大特色在于菜品名字，其特色餐品有"九阴白骨爪"（川椒凤爪）、"吸星大法"（青椒藕片）、"大力金刚腿"（回味蹄膀）、"降龙十八掌"（美极猪手）、"大力丸"（糯米肉丸），因此前来用餐的多是武侠爱好者。

案例 61-3

广州有一家"知青——野味第一村"主题餐厅，该餐厅内悬挂着当年老三届上山下乡的物品，如绿、黄草帽，军用水壶，毛主席纪念章，旧照片等，时代特色鲜明。前来此处用餐的多数为当年的知青，一盘窝窝头、一碗棒子面粥、一盏煤油灯，仿佛又回到了那个激情燃烧的岁月。

怀旧主题的商家，最大的卖点不在商品本身，而是商品、服务所承载的某种集体记忆。怀旧引流就是以集体回忆为聚焦点，引发关注，继而带动产品、服务的销售。怀旧引流本质上是一种情怀营销，具有如下特征。

1. 营销受众通常具备一些理想化特质和文艺气质

这类消费者往往对价格不敏感，重视商家带给他们的独特消费体验。因此，如何让这种体现始终保持新鲜感和吸引力，是商家应该重点考虑的问题。

2. 通常与产品、服务的利益点无关

怀旧营销中，吸引顾客的最重要因素是怀旧情怀，而其所依托的产品和服务，包括其是否存在折扣、优惠都已经不太重要，但是商家不可因此而忽略了产品或服务质量，否则一旦消费者新鲜感消失，就会"昙花一现"。

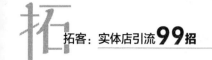

3. 情怀营销性价比较高

情怀营销能够通过引发消费者共鸣的方式让其自行为商家推广、传播，有助于迅速扩大商家在目标顾客群体中的关注度和好感度，而无需付出较高的推广成本。

怀旧引流	
费用指数	★★
操作难度	★★★
效果指数	★★★★
适用店铺	主题餐厅、小众店、专门店、特色店

第62招　借助投诉引流

"今天世界上充满了抱怨……我想告诉年轻人的是，如果大部分人都在抱怨，那就是机会所在……机会就在那些被抱怨的地方。我永远相信这点，我们也是这样一步步走到今天的。"

这是2014年10月纽约联合国总部举行的首届"创变者"颁奖典礼上，马云作为唯一的中国企业家代表，在会上发言时说的一番话。

消费者抱怨的背后，往往意味着需求和商机。那些让人们抱怨的地方、不合理的地方、让人投诉的地方，必然对应着机会。

顾客投诉也是商家进行营销、引流的机会，它是商家改进服务模式、提高客户满意度的机会。如果顾客投诉与抱怨的问题得到圆满的解决，其忠诚度会比从来没有遇到问题的顾客高很多，同时也能让商家查缺补漏，提升经营水准。

案例62-1

某天午后三点，顾客到某餐厅投诉，称："中午在该餐厅用过餐后，就开始拉肚子。"顾客一口咬定是吃了店内不卫生的食物所致。

餐厅值班经理首先对顾客表示了关心，同顾客确认相关信息后，耐心倾听其描述了整个过程。

经核实，顾客用餐时间为 12 点左右，2 人用餐，点了 3 热 1 凉 4 个菜，顾客称正是由于饭店的凉菜导致的腹泻。

后经进一步了解，顾客用餐结束后又去某 KTV 唱歌，期间喝了冰镇啤酒，且包房内冷气很足，气温有点低。

描述到这里时，顾客好像也意识到了某种问题，情绪平复了不少。

不过，餐厅值班经理并没有推卸责任，考虑到导致顾客腹泻的原因暂时不好确定，便提出陪同顾客一同去医院检查就诊。

由于餐厅接待人员态度始终有礼有节，顾客痛快地同意去医院检查，检查结果显示为"无明显志贺氏菌和大肠杆菌超标"。餐厅方面主动承担了医药费，顾客很满意，等晚上回访时，顾客身体已经恢复正常。

在本案例中，尽管仍不能直接确定顾客腹泻的原因，但它至少同餐厅存在某种关联，而且费用也在可承受范围内，因此餐厅主动承担了费用。此举带给顾客的是超出期望值的投诉处理，后来这名顾客还办理了该餐厅的 VIP 卡，经常带朋友来吃饭。

从这一意义上来说，商家不妨将顾客投诉视为提升店铺服务水准的试金石，以积极的态度去应对，哪怕暂时吃一些小亏，也要尽量给顾客一个满意的结果；如果以消极逃避的态度面对顾客投诉，解决不好，不仅会危及客户关系，影响老顾客口碑，也会在新阶段的经营中遇到同样的障碍和问题。

在处理顾客投诉时，要把握好以下原则。

1. 耐心多一些

要耐心地倾听顾客的抱怨，不要轻易打断顾客的叙述，也不要批评顾客的不足，而是鼓励顾客倾诉，让他们尽情宣泄心中的不满。当耐心听完了顾客的倾诉与抱怨后，当他们得到了发泄的满足之后，就能够比较自然地听得进商家的解释和道歉了。

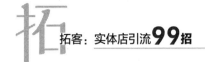

2.态度好一些

顾客有抱怨或投诉就表示顾客对产品或服务不满意，从心理上来说，他们觉得自己吃了亏。因此，如果在处理过程中态度不友好，会让他们心理感受及情绪很差，会恶化与顾客之间关系；反之，若店员态度诚恳，礼貌热情，则会降低顾客的抵触情绪。

3.动作快一些

处理投诉和抱怨的动作快：一来可让顾客感觉到尊重；二来表示解决问题的诚意；三可以及时防止顾客的"负面情绪"对商家造成更大的伤害；四可以将损失减至最少。

一般接到顾客投诉或抱怨的信息，第一时间就要去了解具体内容，然后在内部协商好处理方案，最好当面、当天给顾客一个满意的答复。

4.语言更得体

顾客对产品和服务不满，在发泄不满的言语陈述中有可能会言语过激，如果服务中与之针锋相对，势必恶化彼此关系。在解释问题的过程中，店员要十分注意措辞，要合情合理，得体大方，不要说伤人自尊的语言，尽量用婉转的语言与顾客沟通。即使是顾客存在不合理的地方，也不要过于冲动和情绪化。

5.补偿多一些

顾客抱怨或投诉，很大程度是因为他们购买商品、享用服务后，他们的利益受损。因此，顾客抱怨或投诉之后，往往会希望得到补偿，这种补偿有可能是物质上的（如更换产品、退货或赠送礼品等），也可能是精神上的（如道歉等）。在补偿时，如果顾客得到额外的收获，他们会理解商家的诚意从而对其再次建立信心。

6. 层次高一点

顾客提出投诉和抱怨之后都希望自己的问题受到重视，而处理这些问题的人员的层次往往会影响顾客期待解决问题的情绪。如果高层次的领导能够亲自到顾客处处理或亲自打电话慰问，则会化解顾客的许多怨气和不满，比较容易配合店员处理问题。因此，处理投诉和抱怨时，如果条件许可，应尽可能提高处理问题的服务人员的层次。

借助投诉引流	
费用指数	★
操作难度	★★★
效果指数	★★★★★
适用店铺	所有实体店

第 63 招　超预期售后引流

德国大众汽车公司有一句格言："对一个家庭而言，第一辆车是销售员销售的，而第二、第三辆甚至更多的汽车则是服务人员销售的。"

实体店也不例外，顾客消费离店之后并不意味着销售的结束，在顾客付款之后门店同顾客的关系其实才刚刚开始。世界著名推销大师乔·吉拉德曾说："我相信推销活动真正的开始是在成交之后，而不是之前。"

成交之后的售后服务非常重要，这不仅适用于耐用品，对于快消品也是如此。例如，对于餐馆、美容店、理发店、商场超市等提供经常性、快消性服务的商家而言，做好售后服务非常重要。

通过超预期的售后服务，可有效提升顾客的复购率，提升营业额，增强顾客的忠诚度和黏度。

案例 63-1

　　某顾客在苹果门店购买了一只耳机，但出了故障，因此他提前预约了售后维修服务。以下为该顾客的售后体验：

　　"本以为就算是苹果的售后，也会耗费不少的时间与心力，但没想到整个维修过程都让人省心省力，远超心理预期。

　　我的预约时间是周六的 17:35，提前到达门店，远远看到无论是一楼的体验区还是二楼的售后区都几乎是满人的状态，可能因为还是疫情期间需要控制人流，入口处还排起了队。本都提前做好了排队的打算，但咨询了工作人员后，得到的答复是：提前预约的，无需排队，提前五分钟直接入场即可。

　　进入售后区，登记了姓名后，因为人还是比较多，需要等候，但也只是大概五分钟左右就有工作人员过来服务了。在简单的咨询了产品的状况后，工作人员说给我换新的，然后过了大概十分钟，我就拿着一对全新的 **Airpods Pro** 离开了门店。从进门到离开，整个过程下来还不到三十分钟。

　　事后我在想，这样的售后服务，苹果用户又怎会舍得离开呢？另外，按苹果自己的说法，单独售后服务业务已经连续十几年亏钱了。虽然其投入很高，也有过因调整售后政策带来的非议，但总体来说，苹果售后服务还是让广大的用户省心省力，无后顾之忧。"

　　可以说，售后服务是再销售的开始，是顾客回头复购的开始，也是培养忠实顾客的开始。

　　售后服务就是产品、服务售出后的服务。产品卖到顾客手里，服务提供以后，并不等于结束，还要设法通过售后服务来为顾客提供增值价值。只有超出顾客的心理预期，才能带来忠实的粉丝。

　　成功的售后跟进工作需做好以下几点。

　　第一，低调承诺，超额兑现。要建立信誉度，不要做出不能兑现的承诺。

　　第二，关注小事情。要养成快速回电话、快速回应顾客的习惯。

　　第三，与顾客保持联系，做好记录。记录顾客消费信息和交流的相关内容；保留一份售后跟进的书面记录——当顾客被重新分配给另外一位客服代表时，这种做法非常奏效。

第四，建立一个反馈系统，用来了解顾客是如何评价门店提供跟进服务的质量和数量。跟进服务不是由商家预先设定和想象的，而是取决于顾客是如何感知、如何评估它的价值。对于跟进服务而言，顾客的感知最重要。

超预期售后引流	
费用指数	★
操作难度	★★★
效果指数	★★★★★
适用店铺	所有实体店

第 6 章

活　动　引　流：

批量导入目标客户

第64招 活动引流

活动引流，是最常见的引流方式。促销、抽奖、舞龙舞狮、彩虹门、歌舞表演、游街等，都是实体店常见的引流活动。

实体店举办活动的频次可以分为三类。

第一，从来不举办活动。之所以不举办活动，有些是不缺流量，有些则是不感兴趣，或者是没有思路，不知如何举办。

第二，经常举办活动，常见于高频次、快消类实体店。

第三，偶尔举办活动，具体取决于心情、需求、经营状况。

至于哪种类型更好，其实并没有标准答案。另外，也不能单纯地判定哪种活动方式的引流效果不好，关键要看谁来做。例如，同样的活动，可能有人做得风生水起，顾客爆满；有人却做得不尽如人意，鲜有人光顾。

案例64-1

店铺举办活动，可借鉴以下案例中的思路。

1. 新店开张，折扣递减活动

某新开的烘焙店推出活动：第一天全场半价，第二天六折，第三天七折，第四天至第七天全场八折，之后恢复原价。

随着折扣力度的降低，引流效果也会逐渐减弱，但由于前期顾客反馈良好，后期的口碑客流渐渐上来，因此不用担心回头客和复购率。

2. 第二份半价

某奶茶店推出活动，同时购买两件商品时，第二件可享受半价。

这种优惠活动适用于高频低价的实体店，如餐饮、茶饮类店铺，其中最广为人知的要数麦当劳甜筒的第二份半价。

3.三人行，一人可免单

某理发店的引流活动：朋友三人一同前往消费，给予一个免单资格，适用于理发、美容店或其他需要购买门票的实体店。

4.凭准考证可享折扣

高考结束后，某高中附近的饭店为了吸引学生客流，对于持准考证的顾客（无论几人前来，一人持有即可），可享八折优惠。

5.充值返利活动

某美容店推出新规：开通储值卡，充值500元，返100元；充值1000元，返300元。该活动多用于美容美发店，餐饮类店面也可以根据成本结构来举办类似活动。

如何才能让活动的效果最大化呢？这需要店主仔细思考以下几个问题。

1. 面向精准客户举办活动

很多实体店举办的活动之所以效果不佳，是因为没有找准自己的精准客户，而只是面对泛客流举办活动，试图将所有人一网打尽。其实，活动的受众不在于数量，而在于精度，应当在确保精度的前提下，尽量扩大活动的影响范围。

2. 盘点拥有的资源和优势

明白自己拥有哪些资源、特长，并加以利用，结合所经营的产品、服务，同精准顾客之间建立连接点。

3. 活动能给客户带来什么利益

客户凭什么要配合商家的活动、光顾店铺？其背后一定有足够的利益在驱动，因此要找准他们的痛点和需求点，对症下药，许诺以足够的好处，这样才是活动成功的前提。

4. 活动方案是否足够简单、清晰

越简单的东西越有吸引力，做方案时一定要注意，能用一句话解决的不要用两句话，能用一个步骤操作完成的就不要有第二个动作，在实施过程中也不要设置过多的障碍阻挠顾客的积极性。

5. 掌握好活动的节奏

活动不可不做，也不可太频繁，否则，每逢节假日就举办活动，等同于没有活动，时间久了，顾客就会失去参与的兴趣，也有损店铺形象。

6. 做好复盘总结

待活动结束后，还有一个重要环节是绝大多数商家忽略没有做的，即活动复盘。也就是说，活动结束之后要进行反思总结，明白哪些问题需要规避，哪些地方需要调整优化，哪些地方值得坚持，直至形成可复制、可借鉴的活动框架，大大降低今后同类活动的操作难度和风险，这样活动引流的效果才会越来越好。

活动引流	
费用指数	★ ~ ★★★★★
操作难度	★ ~ ★★★★★
效果指数	★ ~ ★★★★★
适用店铺	所有实体店

第 65 招　现场效应引流

在注意力越来越成为稀缺资源的当下，通过商业活动的现场效应来引流难度越来越大，效果越来越差。

以往，线下实体店举办现场活动的方式比较传统，如通过易拉宝、宣传条幅、

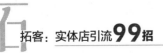

活动拱门、腰鼓队、宣传车、亲子活动、主持演出等形式来宣传造势，吸引过往客流的眼球，达到引流的目的。

如今的消费者对此类活动的免疫力已经大大增强，现在仅仅通过这些常规性活动已经很难吸引到消费者的注意力，引流效果也不会太理想。

美国著名广告人、奥美创始人大卫·奥格威有一句经典名言："如果你的标题（活动）没有吸引受众的目光，相当于浪费了80%的广告费。对内容而言，则浪费了80%的精力和时间。"

在移动互联网分众营销时代，如果商家策划的活动无法在第一时间抓住用户眼球，那么基本上可以判定为失败。

当下，衡量一个商业活动是否成功有两条简单标准：

第一，活动现场效应明显，路过群众愿意围观、拍照、发朋友圈分享。能做到这一点，现场活动就成功了一半；

第二，成功引流，活动的目的不是单纯地吸引泛客流，不是仅仅热闹过后的一场空，无法给店铺带来实际效益，而是要设法将精准的潜在顾客引到店里来，达成交易。

案例 65-1

这是大概五年前作者亲眼见证的一个活动案例，至今仍然印象深刻。

宝岛电动车的一家专卖店举办了一场促销活动，活动现场有一个长方形的水箱，灌满了水，中间放了一辆处于启动状态的电动车，车轮在水中照常高速运转。

水箱外面有一个广告条幅，广告词是"宝岛就是牛，水里也能游"。作者观察了十几分钟，发现有百分之七八十的路过行人或侧目、或停留观看、或进店咨询，引流效果极好。

其实，各个品牌电瓶车的性能基本上大同小异，宝岛专卖店的营销策划人员能捕捉到"水中游"这个差异化卖点，并很好地通过水箱实验的形式呈现出来，可谓是让人大开眼界，满足了"新奇特"的所有抓眼球属性，因此路过人流无不被吸引。另外，此举还凸显了宝岛品牌电动车的差异化竞争优势，不仅引流效果明显，也与竞争对手区隔开来，实现了错位竞争。

在注意力稀缺的时代，商家用什么方式来抓眼球才能让活动的现场效应得到最大化发酵呢？

第一，活动本身要有引爆点。活动主题要有一个吸引点，自带"爆款"属性，能够博取眼球，引爆人气。例如，2018 年 1 月，西安永兴坊美食街一家店铺策划了一场"摔碗酒"活动，其新奇的形式首先吸引了路过客流，现场照片、视频被广为转发，迅速火爆全网，给商家带来了大量关注和客流，一时间成为闻名全国的网红店。该店高峰时期，售价 5 元的酒每天都能售出数千碗，店内生意也被带火。

第二，提炼最大利益点。无论时代怎么演变，一些基本的商业逻辑不会改变，如直接的价格优惠对消费者的吸引力永远都会存在。据此，策划优惠促销活动时就可以直截了当的方式来点名主题，将能够为顾客带来的最大利益点提炼出来，围绕利益点进行宣传、造势、放大。

第三，满足"新奇特"属性。顾客对习以为常的促销活动大多视而不见，而那些"闻所未闻、见所未见"的"新奇特"活动场景则能够引起他们的注意和围观。

如何实现"新奇特"，其实就是给顾客带来焕然一新、眼前一亮的感觉，从结果上来说，就是要创造意外。例如：原麦山丘新店开业都会举行特殊的促销活动，这一天，顾客"只能（免费）吃，不能买"，小小的不同带来的是与众不同的新奇体验，效果自然好。

第四，活动要自带社交属性。社交属性即策划的活动要能够自动触发顾客，吸引他们拍照（拍视频），并通过社交分享的方式进行二次三次传播，从而实现爆炸式的传播和引流效应。

第五，犬马声色，感官轰炸。人的五感中，听觉和视觉感受带给人的冲击效果是最好的，能够留给人深刻印象。

因此，现场活动可设法为顾客制造视觉、听觉上的冲击，如通过歌舞演出、模特走秀、灯光秀等形式来"粗暴"地侵入顾客的意识，给其制造无法抗拒的感官刺激。

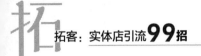
现场效应引流	
费用指数	★★★★★
操作难度	★★★★
效果指数	★★★★★
适用店铺	非低频类实体店

第 66 招　拦截引流

狭义上来说，实际进店人数为店铺的客流量；广义上来说，任何经过店门口的过路客也都可以视为客流量。

拦截引流针对的是更广义的客流，即门店前的自然流量。

针对自然流量的拦截方式主要如下。

1. 人员吆喝拦截

安排特定促销人员，主动出击，对过往客流进行招呼吆喝，甚至以喊麦的形式来吸引其进店。该方式适用于繁华商业区的快消类门店，如服装店、餐饮店、美妆店、时尚用品店、生活好物集合店（如名创优品等）等。

人员拦截的积极效应在于：首先，能够对顾客实现有效吸引，从概率上来说，必然会有一部分客流被此举吸引进店，其中又有一部分流量会转化为实际成交的顾客；其次，吆喝人员的卖力表演能够带动其他店员的情绪，使之能以更饱满的热情投入顾客接待工作中去，这种充满激情的工作状态能变相提升进店顾客的成交转化效果。

案例 66-1

以下为各类店铺进行人员拦截时采用的经典话术，可以借鉴：

● 来来来，这边来！这里有优惠，这里有实惠，这里的商品绝对不会贵！捡到珠捡到宝，还不如我们的商品质量好！要想买得好，请往这边跑；

要想划得来，请往这边来！不要犹豫，不要徘徊！犹豫徘徊，特价商品永远不再来，犹豫徘徊，等于白来！

● 出门在外，老妈交代，看见特价，脚步要快，能省一块是一块，省下一块去买菜！好用又不贵，经济又实惠，千年等一回，一年等一岁，让人等的心儿碎，如此机会！

● 俗话说得好，来得早不如来得巧！你远看不如近看，近看不如拿到手里看，手里看不如买回家用用看，绝对超值划算！天天用，今天不用明天用，今天买最优惠，今天买最实惠！能省一块是一块，这里省一块，那里省一块，包你成为好太太！

● 左边的美女，右边的帅哥，这边走，这边看，这边的产品最划算。划算不划算，自己进店来看看，眼里看心里算，还是最划算。老品牌老字号，上过电视上过报，全国人民都知道。

● 你不买，我不劝，老不欺，少不骗，错过今天再等十年。原价十元现在只要一块钱。一块钱真不多，不用你卖房也不用你卖车。一块钱去不了中国香港，也去不了中国澳门。今天打折加促销，还送优惠大礼包，绝对超值加震撼。

2. 营造氛围拦截

氛围即店铺给人的第一印象和气场。营造氛围即制造某种促销和活动的气氛，吸引过路客的注意力，引导其进店。具体可通过门店装饰、摆设、地贴等来进行，如设置吊旗、易拉宝、展架、海报、堆头、拱门、灯箱或者 LED 屏幕、特殊条幅、入门的灯光、橱窗射灯、门店音乐等。

3. 产品展示拦截

将主打产品、特价产品、爆款产品、优势产品以直观的方式在橱窗或店门外直接展示，或通过门口大量而专业的产品陈列、堆头营造一种大而全、高大上的感觉来吸引过路客的注意力。其目的是将最具卖点、最具性价比的产品的最吸引人的一面展示给顾客，达到吸引顾客的目的。

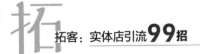

拦截引流	
费用指数	★
操作难度	★
效果指数	★★★★
适用店铺	快消类实体店

第67招 话题引流

互联网时代，各种话题和热点层出不穷，如果找到合适的话题引爆点，就能快速在网络上疯传。商家可以借助话题来营销，即抛出相关话题，借助各种媒介和消费者的关注，让自己的产品或服务成为消费者积极谈论的对象，以达到推广和引流的效果。

话题引流是一种低成本营销方式，如果筹划得当，能够收到四两拨千斤的效果；实施不当，也容易遭受诟病，带来负面影响。

成功的话题引流重在先期谋划，同时还要做好过程控制与引导。先期谋划要做好话题计划，构思好话题内容，然后分阶段实施。

案例 67-1

成都有一家餐馆，生意一直不温不火，老板很是烦恼。后经人指点，老板弄了一头超大的宠物猪放在了店门口，宣称是全国最大的宠物猪，欢迎用餐和路过的朋友拍照。

大家感觉很稀奇，顾客和过路客纷纷拍照，发朋友圈，称自己在某饭店门口看到了一头超大的宠物猪，还有照片为证。

这些朋友圈的照片和餐馆在其他渠道上发布的信息吸引更多人慕名而来，都想看看这头宠物猪，其中有部分顾客还顺便进店用餐。

餐馆的客流量多了起来，甚至带动了周边商家的生意，尝到了好处的左邻右舍的店家也都帮着宣传、转发，这条街上的客流量越来越多。

人们的新鲜感总是难以持久，宠物猪的热度总有降下来的一天，眼看大家对宠物猪的热情降了不少，商家开始了下一步动作。

餐馆老板发动店员积极发布朋友圈信息，称很多顾客都好奇这头宠物猪能吃吗？味道如何呢？为了满足大家的好奇心，本店决定于三天后现场宰杀，免费让大家品尝。

该操作又引起了一轮新的话题、讨论和争议，这家店又火了一把。但其中也有一些反对的声音，称这么可爱的宠物猪怎么能杀了吃肉呢？不少爱护动物的顾客都表示强烈反对。

于是，餐馆又放出一条消息，由于受动物保护人士的感化，本店决定不再杀宠物猪，将它送到一个更适合它的地方。

消息一出，各种声音都有，有拍手叫好的，也有批评店家不讲信用的，甚至还有人想出钱买下这头猪。

无论如何争议，话题的吸引力出来了，餐馆又蹭了一波流量。

后来，宠物猪被送至宠物店，话题才算是告一段落。

能够引起众人参与的话题都有一个共同点，即与公众息息相关，但引爆传播的原因都是事件与公众的常规认知有反差造成的，比较稀有，如上述案例中最大的宠物猪就和大家的常规认知有反差。通常反差越大，越罕见，就越能够引爆公众的话题讨论。

如果某个话题跌宕起伏，不断爆出新料，不断有新情况推出，剧情反转如影视剧故事情节一般，那么话题的传播效果会更好。

话题引流成本低，但运作上有一定难度，具体操作步骤如下所述。

第一，设计传播性强的话题。话题首先要具有传播性，能够引起受众讨论的兴趣。有了好的话题，店家还要懂得植入想要推广的产品、服务或者门店信息，或者在话题讨论中捆绑自己的产品或品牌信息，即要找到结合点。

第二，抛出话题，积极引导。经过捆绑的话题，要借助各种传播媒介推给受众，并施加相应的引导和造势，凸显诉求点，为话题提供营销助力，使之顺利启动、发酵、传播，让话题的覆盖面越来越广。

第三，后续跟进。即便是再火的话题抛出一段时间后，其热度也会逐渐下降，会渐渐淡出受众的视线，此时就需要后续的话题和跟进措施，推波助澜，让话题再度反转，热起来，以保持话题的热度，确保推广引流效果。

第四，效果评估。话题引流活动结束后，要对话题产生的引流效果或影响力进行评估，总结经验，这样才能更好地运用话题驱动帮助商家开展更多有价值的低成本营销。

话题引流	
费用指数	★
操作难度	★★★★★
效果指数	★★★★★
适用店铺	大部分实体店

第68招 门槛引流

通常越容易得到的东西，人们往往越不珍惜。

例如，唾手可得的优惠券、免费注册的会员，顾客通常都不会太珍惜，也不会给予足够的重视，因为得来的太容易，没有任何门槛。

请记住这样一句话：你的推广方案越开放，顾客钱包往往收得越紧；你的推广方案收得越紧，顾客钱包反而越往你这边凑。

所以，有必要为推广引流活动设置一些适当的门槛，其用意在于以下几点。

第一，门槛意味着过滤器。它有助于商家筛选更精准的客户，能够让更有价值、更有消费潜力的客户参与进来。

第二，门槛能够给客户安全感。例如，对于交定金或充值的客户要进行详细的资料登记，最好设置一些复杂的表格让客户来填。这看似是一种门槛，其实客户非常愿意接受，因为这样能够给顾客以安全感，同时也说明商家的重视。

第三，门槛能带给客户稀缺感和紧迫感。门槛意味着限量，意味着稀缺，反而更能促使他们做出消费决策，采取行动。

第四，门槛能够展示商家的品牌形象。通过设置门槛，展示给客户的是这样一种形象——不是任何人都可以享受我们的优惠，成为我们的会员；潜台词则是——我们能够为跨过门槛而来的顾客提供更优质的服务，有助于打造商家的高端品牌形象。

案例 68-1

　　叶明子是一名服装设计师，她在北京建外 SOHO 开了一家名为 Studio Regal 的定制服装店，Regal 象征着"高雅、经典、独特"。

　　该店门槛颇高，不接受顾客到店，也不接受电话咨询，每一名顾客都是朋友私下介绍的。但叶明子会将每一名顾客视为贵宾，接到订单后，并不急于为他们量身打造服饰，而是先花大量的时间与顾客进行沟通，待彼此相当熟悉之后，再开始根据对方的气质、习性进行服装设计。

　　据悉，每一块布料从选线到花色叶明子都要亲自做，有时为了找到最合适的纽扣，她还会专门跑到香港去淘货。每个季度，叶明子设计的服装都不会超过 30 套，每件衣服的质量要求都近乎苛刻，为顾客带去了无与伦比的消费体验。

　　高门槛、高质量、超预期体现让叶明子的服装店愈加神秘和高端，充满了格调，尽管她刻意"限流"，却又从不担心客流。

　　有门槛才会有高质量的会员客户。当然，门槛的出现有可能会将部门潜在客户筛选下去，因此门槛的设置要注意根据行业和推广目标来综合设定，在执行时也要因人、因情而异，不可太死板。例如，对于某些有明显消费意向、但并不愿意接受店家强加的门槛的客户，应灵活处理，以留住准客户为目的。

　　同时，门槛的设定务必要结合特权的授予，即通过门槛引流而来的顾客一定要授予相应的特权，才能彰显门槛的价值。具体的特权要根据自己的盈亏平衡点计算，例如：

　　如果是家具电器店，可以让顾客花 20 元办理会员，店内产品一律享受 95 折优惠；

　　如果是理疗馆，可以推出充值 200 元，免费享受按摩 3 次的优惠活动；

　　如果是美容美发店，可以推出购买 50 元限量会员卡，享受免费洗剪吹 5 次的优惠活动。

　　"特权"一定要低成本、高诱惑，要能够增加客户消费频率，但不能做亏本买卖，这是底线。

　　通常来说，门槛越高，获客的黏性和有效性就越强，但并不是说门槛越高越好。

有一条要认清：零门槛或者极低的门槛吸纳的会员很难带来预期的价值。吸纳会员一定要设置合理的门槛，这些门槛包括付费门槛（如会费、充值），也包括一些行为门槛（如参与活动、转介绍客户等）。

门槛引流	
费用指数	★
操作难度	★★
效果指数	★★★★
适用店铺	所有实体店

第69招　免费体验引流

"免费"二字对普通用户有着非常大的吸引力，每个人多多少少都会有一些占小便宜的心理。当商家免费体验的活动信息被顾客看到时，因为不需要付费，所以会大大提升其进店的概率。

只要顾客进店，那引流目的就初步达到了。在顾客体验的过程中，再借机推销店内的产品和服务，就会变得顺理成章。

例如，教育培训行业可以借助免费公开课、试听课来引流，美容健身行业可以通过免费体验相应服务和健身设施来引流，餐厅、KTV、酒吧等餐饮娱乐行业可以用免费试吃、试玩来引流。

免费体验模式的核心在于：通过延长商家的利润链条来设计免费引流项目，以最大限度吸引客户，而后在下一个阶段实现收费服务和盈利。

但是，需要特别提醒的是，大部分免费体验的消费者都只是单纯来占便宜的，转化为付费顾客的比例并不是太高，除非免费体验对象是比较精准的准客户、种子客户。即便如此，有时还是需要商家做不止一次的免费体验活动，才能将免费体验对象真正转化为顾客。

案例 69-1

　　广州某美容院的庄老板对免费体验引流颇具心得，她深知如今的顾客遭遇过太多的营销、消费套路，有时即便是免费体验也难以打动他们。

　　庄老板非常有魄力，既然一次免费体验无法实现成交目的，她就果断推出了五次免费体验活动，这样一方面能够增加美容院对顾客的推销机会，另外也能进一步让顾客体验自己的服务项目和优势所在。

　　经过一段时间的密集推广，该店力度惊人的免费活动吸引了大量顾客参与，也淘汰了一些占便宜的顾客，但最终还是成功锁定了上百位会员。据了解，美容院为此付出的成本并不高，每名免费体验顾客的成本不过两瓶蒸馏水而已。

　　免费体验引流模式是让顾客先进行体验，获得客户的信任后，再进行成交的方式，具体又可以分为两种：

　　第一，门店设计可以用于体验的产品、服务，顾客可以免费体验该产品、服务，感觉良好后再进行消费；

　　第二，提供与时间挂钩的免费体验，即顾客在单位的时间内可以免费体验该产品，而后经过续费才可进行长期使用。

　　免费体验引流模式的产品模型有三种：

　　第一，提供诱饵产品，即设计一款免费的产品、服务，吸引顾客免费体验，目的是培养大量的潜在目标客客户；

　　第二，赠品设计，即将一款产品、服务变成另一款产品、服务的免费赠品，或者将同行业或边缘行业的主流产品、服务变成我方的免费赠品；

　　第三，产品分级设计，即普通版的产品客户可以免费得到，高级版本或个性化的产品客户则需要付费得到。

　　需要注意的是，无论何种形式的免费体验，都要做到真正的免费，不要暗含套路和陷阱。

案例 69-2

　　王女士逛商场时被一名美容店导购缠住，推荐免费美容体验卡，凭卡

可以做一次免费的皮肤护理。架不住对方的游说，又听说免费，王女士就随对方到美容院内做了一次面部护理。

谁料，做好护理，店员要求王女士办理一张 3980 元的美容会员卡。王女士不想办，对方就称，免费体验卡只享受免费的服务，所用的产品是要收费的，如果不办卡，需要交纳 99 元的产品费用。张女士虽然很恼怒，但也无可奈何，只得交了 99 元方得离去。

案例中的"忽悠手段"在现实中屡见不鲜。免费体验模式作为收效快、成本低的强力营销模式，早已风靡于各大线下商家。与此同时，也有不少居心不良的商家利用漏洞，设下消费陷阱，设计各种体验套路，玩概念，牟取暴利，破坏行业规则。

俗话说得好，"骗得了一时，骗不了一世"，当消费者第一次上当受骗后，第二次肯定不会再光临，而且还会成为这种骗人商家的"义务宣传员"，提醒自己的亲戚、朋友、同事和邻居不要前往这种商家消费，而这种负面口碑的杀伤力是很大的。

因此，商家一定不要玩"手段"：

如果顾客追求的是实惠性价比高，就不要强推价格高的产品；

如果顾客追求简单方便易用，就不要推荐手法专业的产品；

如果顾客需要新奇好玩有趣，就不要推荐大众款式；

少玩些套路，多些真诚，正面口碑才能逐渐形成。

免费体验引流	
费用指数	★★★
操作难度	★★
效果指数	★★★★★
适用店铺	休闲娱乐、餐饮服务类实体店

第70招 排队引流

排队引流利用的是消费者喜欢跟风、好奇的心理。从消费者的角度看，那些需要排队消费的商家通常意味着商品、服务物有所值，从侧面反映了商家受欢迎的程度，是一种从众型消费心理的表现。

而排队本身对商家的益处也是显而易见的——

首先，能够提升商家人气。做生意最怕冷冷清清，而店内店外排队的客流本身就是一种"流动的活广告"。

其次，排队客流也能刺激路人的好奇心，吸引其加入排队的行列，即使当场不消费，也会给过路潜在客户留下深刻印象，大大提升以后到店的概率。他们的思维链条通常是这样的："这家店这么多人排队，一定有其独特之处，等有机会一定去体验一次。"

正因为排队的良好宣传引流效果，很多线下商家都喜欢使用排队营销来营造生意火爆的景象，触发顾客的从众心理，吸引更多的客流。

作者不鼓励商家通过作弊的方式雇人排队，但可以通过一些正当的手法来控制排队引流的节奏，掌握好"排队"的分寸。

第一，排队顾客较多时，要提升效率。客流量较大时，要提升相应工作人员的服务效率，尽可能减少顾客的等待时间，将排队时间控制在顾客所能忍受的心理阈值内，以免物极必反，激怒顾客，使之失去耐心，造成负面口碑，导致顾客流失。

另外，排队顾客较多时，要尽可能创造条件，优化排队顾客的体验，消除其不适和焦躁心理。

案例70-1

海底捞对排队顾客的照顾和服务尤其到位，我们来看一名食客的描述——

"一次我和朋友慕名而去，可是一去，说要等，我们怀着一丝侥幸来到了等待区的二楼。老天！二楼走廊的两侧已经坐满了人。更有甚者，支着凳子围成一群在打扑克。店家的服务挺周到，马上摆了一盘炸虾片、一

盘切好的橙子和两杯豆浆。

我是个急性子，不过也很快找到了消磨时间的方法，可以看服务员发的免费的'海底捞'火锅店自办报纸；还可以玩拼图，因为服务员说'拼出来店家有奖品'。虽然等待遥遥无期，不过有了事情做的我马上从无聊中解脱出来了，专心于那小小的拼图上了。拼了大概20多分钟，我竟然拼出来了，还真的得到了豆花的奖品，算是对我等待的补偿吧。

之后我认真地观察，发现等待区规模之大花样之多，差不多颠覆了一般餐厅的概念。等待时热心的服务人员会送上西瓜、橙子、苹果、花生、炸虾片等各式小吃，还有豆浆、柠檬水、薄荷水等饮料；还可以上网、玩牌、擦皮鞋、美甲。

更令人惊喜的是，女士可以享受免费修理指甲，男士可以免费享受擦皮鞋服务等。一位小姐在大家等待美甲时，不停地更换指甲颜色，反复折腾了大概5次，一旁的其他顾客都看不下去了，为其服务的阿姨依旧耐心十足。

排队等位成为'海底捞'的特色和招牌之一。火爆的海底捞，难忘的等待，让客人都心甘情愿地一等再等。"

去过"海底捞"的人应该知道这位顾客所言不虚，海底捞的种种做法在最大程度上缓解了顾客等待时的无聊、烦躁，甚至还让这个等待过程变得有趣，增加了顾客黏性，提升了商家的口碑，顾客回头率大大增加了。

第二，客流量较少时，可适当放慢服务速度。该方法具体可以在产品制作环节、服务环节或收银等环节进行，适当拉长排队时间，积蓄客流，形成排队效果。例如，某些销售干果炒货的店家为了积攒客流，都会刻意控制货品的出炉时间；有些还会将提前制作好的产品重新加热，等待更多的顾客前来，形成排队效应。

排队引流	
费用指数	★
操作难度	★★
效果指数	★★★★★
适用店铺	快消类实体店

第 71 招　取名引流

好的品牌名字（店名）是一切营销的开始。一个好的店名能为营销推广加分，为品牌延展出更多的趣味话题，吸引顾客的关注。

一个有创意、朗朗上口、容易记忆、充满美感的店名有利于店铺的宣传、推广、营销、引流，能给顾客留下深刻的印象，也能让顾客拥有更好的记忆。

营销大师史玉柱有一个观点："一个名字如果不上口，不容易记，往往就要花上几十倍的广告力度才能达到让别人记得住的效果。"

可见，店名的好坏对商家而言至关重要。给店铺起一个好名字，相当于赢在了起跑线上。名字，也是品牌的第一个"无形的广告"。

店名是顾客对店铺的第一印象，如何借助店名来做好引流呢？

1. 取一个自带流量的店名

自带流量的店名要满足以下属性。

第一，容易读，有传播力。好的店名应符合"短、平、快"的原则，读起来朗朗上口，如我们所熟知的"海底捞""西西弗书店""真功夫""西少爷肉夹馍""举个栗子"等，都很简洁，朗朗上口，容易记忆，自带传播力：反之，店名中应尽量少用一些不常见的、晦涩难懂的字眼，避免增加沟通成本。

第二，容易记忆。在这个碎片化信息泛滥的时代，消费者的精力和记忆力是有限的，对于陌生店面的记忆一般只有 7 秒，如果不能在这个时间内让他们记住，那么品牌的传播力就会大打折扣。

好的店名一定是简单直接、容易记忆的，让顾客听一遍、读一遍就能记住，如经营糖炒栗子的连锁店"举个栗子"。

第三，同产品相关联。好的品牌名字应该与商家经营的产品相辅相成、相得益彰，这就需要品牌充分结合自己的品类、市场定位等来做命名决策。例如"喜茶"，自带喜感，店名有着明显的互联网时代特质，"喜"本身就代表一种愉悦、高兴的心情，给人建立一种喝喜茶可带来愉悦心情的联想，同时店名又包含茶，道明了产品。

第四，给人以积极的联想。例如"宜家"，名字出自《诗经》"之子于归，宜其室家"，表达的也是美好和睦、家庭和顺、夫妇和睦的意思，非常契合宜家的深刻内涵，即营造温暖的居家氛围，同时和其家居产品定位也完美契合。

第五，谐音取名。为了吸引消费者的注意力，很多商家开始挖空心思利用各种谐音来取店名，一个个有趣的谐音店名随处可见，有趣的谐音店名，总会让人会心一笑，甚至过目不忘，达到良好的吸睛引流效果。例如，某粥铺取名为"真粥道（周到）"、某餐厅取名为"食（石）家庄饭店"、某女装店取名为"千衣（与）千寻"、某饰品店取名为"饰（世）外桃源"等。

案例 71-1 ●

2021 年 6 月，福州市中国邮政旗下的某中邮大药房门店，出现了一家新型奶茶店，名为"邮氧的茶"，冲上微博热搜，爆红网络，成为很多网友专程前往打卡的网红店。

"邮氧的茶"谐音"有氧的茶"，寓意健康、养生的茶饮，这一理念同其产品理念一脉相承，"邮氧的茶"以养生茶饮为主打，包括纯茶系列、奶茶系列、水果茶系列等，具体产品有枸杞拿铁、龟苓膏等，主打养生，讲究健康。

同时，"邮氧的茶"这一店名，不仅能够让人一眼识别其出自邮政系统，而且如同"喜茶"一样，它还具备一定的时尚元素和互联网特质。

未来，"邮氧的茶"会进一步扩充门店，其连锁加盟店选址上也将主要依托邮政体系，比如邮政银行、邮政药房等。

真是一个聪明的商家，非常懂得互联网流量传播思维。

2. 征集店名引流

对于即将开业的店家，可提前发布消息，进行有奖征名活动，吸引目标顾客关注，带动流量。

例如，某餐厅的征名方案为：通过各种传播端口将征名信息传播出去，愿意参与的用户可以扫码加入微信群，进行讨论，或提交方案。活动设一等奖一名，奖品为 1000 元代金券，可分 10 次使用；二等奖 5 名，奖品为 500 元代金券，分 5 次使用；三等奖 10 名，奖品为 300 元代金券，分 6 次使用；所有的参与人员都给予参与奖，奖品为 50 元代金券，消费满百元可以使用。

取名引流	
费用指数	★～★★★
操作难度	★★★★
效果指数	★★★★★
适用店铺	所有实体店

第72招　时间型引流

时间型引流指借助拆分思维，根据店铺营业高峰期或其他经营属性将时间拆分，不同时段给出不同的优惠政策，实现错峰引流。

时间型引流有三种落地模式。

1. 限时折扣引流

打折是商家常用的推广引流手段，消费者对之早已麻木。如果换一个思路呢？为折扣活动加上一个时间限制，如促销活动第一天打五折，第二天打六折，第三天打七折，第四天呢？活动结束，不再打折。

如此一来，利用时间上的分时折扣以及时间限制，就会给消费者带来一种稀缺感和紧迫感，促使其尽快消费。

2. 错峰打折引流

错峰打折即在店铺经营高峰期、客流高峰期少打折，或者不打折，在经营低峰期、人流低峰期多打折。这一方面，可以降低店铺经营高峰期的压力；另

一方面，也能向经营低峰期实现引流，使商家的闲置资源得到充分利用，提高经营效率。

错峰打折多适用于餐饮行业，因其高峰期比较明显，而用餐高峰期一过，则客流立马大减，借助错峰打折引流，可用优惠政策吸引顾客在低峰时段用餐，增加额外的经营收入。

同时，要注意配合对餐厅工作人员的相应激励机制，使他们也能分享餐厅业绩提升的红利，从而能以更高的积极性面对更长的工作时间和更高的工作强度。

餐饮错峰市场规模颇大，甚至还诞生了一家专门帮餐厅做错时引流的在线APP——时差族。该应用可帮助合作餐厅分配高低峰时间，高峰少打折，低峰大折扣，通过低峰大折扣，反向覆盖高峰期折扣，能够将餐饮行业原本四五个小时的经营时段延长至七八个小时，甚至更长，有效利用了餐厅的闲置人力、物力。

时差族在上游已经签约了数百家餐饮商家，包括小南国、汉拿山等知名连锁餐厅，还获得了数百万元的天使融资，其合作时间段通常在下午13:00～15:00，晚上19:00～22:00，不限于夜宵。

这种通过特定的时间段优惠让顾客在非高峰时段来店里消费，就是典型的时间型引流。

案例 72-1 ●

国内知名火锅连锁店海底捞推出过一项针对大学生的分时折扣促销，大学生顾客在不同的时段可以享受全场 69 折的优惠方案：

第一，周一至周五：00:00～07:00、14:00～17:00、22:00～23:59。

第二，节假日公休日、周六、周日：00:00～07:00。

大学生领取优惠券后只允许本人使用，门店可要求其出示学生证，否则有权拒绝打折。

海底捞采取的就是典型的错峰时段打折引流措施，其针对大学生制定的优惠时段策略就是错过正常的用餐高峰期。

3. 根据产品保质属性分时打折引流

这种引流方式多适用于经营产品有明显保质期的店铺和商家，如烘焙店、生鲜用品超市。

以生鲜用品为例，我们经常看到商家采用不同时段、不同折扣的促销引流政策，往往越临近关门时间，折扣幅度越大，价格就越低，最后甚至还采取免费派送的方式。

在一些大型生鲜超市，通常由生鲜经理视不同商品的状态，如蔬菜的新鲜程度来随时降价。临近闭店时，理货员会被授予权限，可以与顾客议价，经请示经理后还可以大幅打折，最高折扣甚至可以达到二折，便于及时清理存货。

时间型引流	
费用指数	★～★★★
操作难度	★★★
效果指数	★★★★★
适用店铺	餐饮、生鲜等有经营高峰期和产品保质期的实体店

第 73 招　挑战活动引流

打折促销非常常见，寻常的打折促销手段难以吸引消费者的注意力。

如果商家能够跳出惯性思维，利用顾客的挑战心理，吸引其参与门店发起的某项挑战（挑战成功有奖，或予以免单），往往能带来意想不到的引流效果。

案例 73-1

麦当劳位于马来西亚的某家门店推出了一款新麦香鸡汉堡，该汉堡比常规汉堡要大一些。为了推广这款新产品，麦当劳餐厅设计了一项挑战活动。

顾客只要能三口吃完一个汉堡，就能再免费获赠一份同样的汉堡。该

活动迅速在当地的年轻用户中流传开来，大家都热衷于参加这项挑战，有些自媒体达人还纷纷在社交媒体上进行直播，不少人都特意邀请朋友一起前往参与挑战赛。

该新产品推出后的 20 天时间内，不仅新品成了畅销品，被顾客所接受，而且还带动了整个门店的销售，店内销售额翻了一番。

人们都喜欢有挑战性的事物，通过挑战得来东西会更有成就感。所以，商家通过发起挑战的方式举办促销引流活动，要比直接打折更能吸引消费者。

在现实中，类似的挑战活动有很多。例如：

牛肉面馆：超大碗牛肉面，能吃完就免单；

过桥米线餐馆：一分钟吃完过桥米线，就免单；

烧烤餐厅：剥龙虾比赛，一分钟内谁剥的最多，谁就免单；

一些商家设置了"挑战 10 秒"的机器，来店消费顾客按住机器，结束时如果正好按到 10 秒，即算挑战成功，给予免单优惠；

……

这些挑战活动都有不错的引流效果，在举办类似活动时，要注意以下几点。

第一，对挑战成功的顾客要及时兑现奖励，鼓励其在社交媒体进行转发、传播。

第二，对挑战失败的顾客也不要冷落，他们也是有效客流，为潜在顾客，可酌情赠送一些代金券、优惠券，以做安抚。

第三，邀请达人参与挑战。例如，餐厅可邀请某些大胃王来参与试吃挑战，如果运作得当，由于这本身就是一个热点事件和易于传播的话题，因此能够带来裂变式传播效应。

案例 73-2

日本某餐馆推出了一款特别的饺子，一只饺子重达 6 斤，售价 9600 日元。店家对自己的这款饺子很有信心，放出消息称只要有人能在 60 分钟内吃完，就可以免单。

尽管参与挑战的人很多，但由于饺子实在太大，大部分挑战者最终还是败下阵来。后来，日本 YouTube 网红 HIKAKIN 邀请了日本著名的大胃王木下共同来挑战，结果木下仅仅用了 40 分钟就吃完了这只 6 斤重的超级饺子，而 HIKAKIN 则挑战失败。

最终，该店以一只饺子免单的代价换取了在 YouTube 上的疯传，成为网红店，甚至红到了国外。

如果能邀请各界达人参与挑战，就可借助他们自身的影响力来引爆传播。

挑战活动引流	
费用指数	★
操作难度	★★
效果指数	★★★★★
适用店铺	高频类、快消类实体店

第 74 招　诱饵引流

诱饵引流，即以相应的赠品、优惠作为诱饵，来吸引顾客进店消费。

诱饵引流同赠品引流有相似之处，但又有细节上的不同，最重要的一点区别在于收到赠品的客户有可能有去无回，直接消失；而诱饵则要起到引诱效果，即通过诱饵将客流引进来，可将之视为一种更看重目标的结果导向的引流方式。

例如，某家新开张的以烤鸭为主打菜品的餐厅打算推出一项赠品引流的促销方案，备选方案有二：

方案一：原价 49.9 元的烤鸭，开业期间只需 9.9 元就可以将它带回家；

方案二：原价 49.9 元的烤鸭，开业期间进店消费，只需 9.9 元一只，无最低消费限制。

方案一可以视为赠品营销；方案二则是典型的诱饵式引流，引流效果也会更好。

原因很简单，执行方案一，吸引来的很可能都是单纯想占便宜的顾客，占到了便宜，拿到了特价烤鸭，他们基本不会再进店消费。

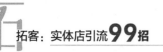
而方案二的兑现，首先需要顾客进店消费，从常理上看，进店消费的顾客通常很少只点一只烤鸭，多少会有一些关联消费，这样诱饵的效果就得以体现。即使有极个别顾客只为吃一只烤鸭而进店，也无需担心，这种情况毕竟只是小概率事件，在可控范围内。

诱饵也未必一定是实物、赠品，采用其他方式同样可起到引流效果，来看一个案例。

案例 74-1

有一家主打青椒鱼的连锁餐厅，起初经营状况并不是很好，也试了很多推广宣传方案，效果都欠佳。

后来，这家餐厅直接将店名改为"9元青椒鱼"。

青椒鱼是该店的特色菜，也很受老顾客的欢迎，本身就是主菜，比较有吸引力，尤其是吃过青椒鱼知道其定价的顾客，更是会被这样一个店招所吸引。

名字一改，引流效果非常好，很多原本的过路客都变成了该店的食客，再加上商家没有虚假宣传，确实只需9元就可以吃到地道的青椒鱼，饭店的口碑也渐渐扩散开，生意越做越红火。

这家饭店的诱饵设计得非常成功，基本上没有额外的宣传成本支出，仅凭一个招牌的改变就让进店客流倍增。

因此，在选择诱饵时，务必要特别用心，诱饵需满足以下要求。

1. 诱饵要有足够的吸引力

就像诱饵一出，鱼儿就会上钩一样，用来引流的诱饵对顾客也要有相当的吸引力，能够激起他们的参与欲望和消费欲望。例如，9.9元的青椒鱼、9元的烤鸭，对食客的吸引力都非常强。

2. 门槛应足够低

诱饵应设置门槛，但门槛不宜过高，否则顾客参与的积极性也会随之降低。例如，9.9元的青椒鱼、9元的烤鸭，门槛同样也都很低，即需要顾客付出的代价并不大。

3. 诱饵务必要有引流效果

诱饵的目的是引流，这一点应非常明确，不能吸引顾客进店的诱饵，或者说引流转化效果较差的诱饵一定要放弃。

4. 诱饵同店铺具有关联性

赠品可以是商家采购的其他产品，诱饵则不同，它通常是商家自身提供的产品或服务。例如，健身中心的诱饵可以是健身器材免费体验机会，美容院的诱饵可以是免费皮肤护理机会，待客户进店后，再进行进一步的营销和锁客。

因为当顾客被引流产品吸引进来之后，要最大化地成交顾客，提升店内的业绩，因此前期引流的鱼饵一定要同店内的相关商品或服务存在某种关联。一般而言，店内产品有三种：

第一，鱼饵产品，目的是轻松吸引客流；

第二，中端常规产品，目的是和客户发生黏性关系，建立信任；

第三，高端盈利产品，目的是吸引顾客消费，赚取利润。

诱饵引流	
费用指数	★★
操作难度	★★★
效果指数	★★★★★
适用店铺	非冷门类实体店

177

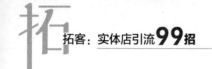

第75招　绑架式引流

德国哲学家叔本华有一句名言："人性一个最特别的弱点就是在乎别人眼里自己的名声。"

从消费心理学上看，促使人们做出购买决定的，很多情况下并不是源于理性的判断，更多是自以为理性判断，实际上却是一种感性的决定。换句话说，由于人性的弱点所致，人们的消费行为通常会被某些感性判断所绑架。

作为商家，可以从这个角度切入，去影响顾客的感性判断，对其进行绑架式营销、绑架式引流。常见的绑架式引流手法如下。

1. 行为式绑架

商家通过一系列宣传、渲染和运作，让消费者愿意为某种产品埋单，在某种程度上能实现这样一种效果：消费了是某种格调的象征，否则就是脱节的象征。例如，去星巴克被认为是小资的行为，去喝一杯网红奶茶、去网红餐厅就餐是一种时尚的行为，不去则配不上相应的标签和身份。

案例 75-1

夏女士是办公室普通职员，月薪 4000 多元，尽管收入不高，但她有一个生活习惯，即每日下午都会去公司楼下的星巴克点一杯咖啡，价值三十多元。假如一个月上班 20 天，仅仅是咖啡一项支出都在 600 元以上。

很多同事对其行为都表示不解，不过在夏女士看来，自己每日喝一杯星巴克是一种生活格调的表现，是小资行为的象征。

类似这类消费者，其实就是被商家所营造的形象给绑架了，他们心甘情愿去消费。

2. 亲子绑架

亲子绑架即通过孩子来绑架家长，通过某种宣传和营销吸引未成年用户的注意力，进而促使其家长进行消费。这种方式比较常见，如遍布各类商店门口的摇摇车就是典型的亲子绑架式引流手段。

3. 身份绑架

身份绑架即让顾客深信他们前去某些场所消费是一种身份的象征，是一种阶层的标签，否则就跨不进相应的阶层，挤不进相应的圈子。例如，很多人都认为前去高尔夫球场、高级会所消费是一种身份和阶层的象征，这其实就是一种身份绑架。

4. 灵魂绑架

商家的产品和服务在顾客眼里成为一种奢侈，如果得到它们则是一种精神上的满足。这类店铺的店主往往是享誉四方的匠人、职业人、大师，经他们手作的产品不再是俗物，而是充满了匠心的艺术品，让顾客趋之若鹜，不惜代价想要得到。

案例75-2

日本东京有一家名为"小笹"的小店，只有3平方米，产品就两种：羊羹和最中饼。羊羹每天限量只做150个，年收入却高达3亿日元。

"小笹"的老板叫稻垣笃子，在他的世界观中，最好的羊羹会在制作中的某一刻闪耀出紫色光芒。稻垣笃子探索了十年，才达到这种"技近乎道"、出神入化般的境界。他对此的感悟是："一旦炼制羊羹时，就是我一个人的世界。那是谁都不能打扰的我和羊羹面对面的时候，是只能专注于这件事、心无杂念的时候……然后，看到紫色光芒时，我就会感受到无法言喻的爽快感。"

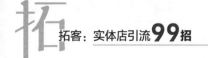

这种产品，顾客是如何评价的呢？来看看食客的说法——

"吃了一口，感觉整个宇宙都要美哭了。"

"吃下一口，仿佛去深海遨游了一次。"

"羊羹里住着锦鲤，吃下，愿望仿佛就能成真。"

"美貌到舍不得吃，但是又美味到忍不住不吃。"

......

为了能得到这种美味，很多人早上四五点就前来排队，将近 50 年，天天如此。

这就是灵魂绑架！

绑架式引流	
费用指数	★★
操作难度	★★★★★
效果指数	★★★★★
适用店铺	有信仰、有追求的实体店

第 76 招　抽奖引流

抽奖是历史上非常悠久、生命力非常强的一种引流方式，至今仍被各类门店所采用，原因就在于它切合了大众的消费心理。对普通消费者来说，占便宜是永恒不变的追求，而以小博大的悬念感也在某种程度上满足了消费者追求刺激的心理。

门店进行抽奖的目的无外乎两个：一是吸引顾客进店，二是加速顾客成交。但并非所有抽奖活动都能收到预期的引流和营销目的，来看两个案例。

案例 76-1　　　　　　　　　　　　　　　　　　　　　　●

某电器商城在某个周末推出了一项有奖促销活动，规定凡进店顾客只要消费满 99 元就可以参与幸运大抽奖，奖项设置如下：

一等奖：1 名，奖品为价值 2000 元的品牌平板电脑一台；

二等奖：2 名，奖品为价值 1000 元的高端破壁机一台；

三等奖：5 名，奖品为价值 200 元的咖啡壶一台。

结果呢？顾客反应平平，根本没有多少参与的欲望，抽奖活动举办的效果很一般。

案例 76-2

某美容美发店针对登门消费的顾客开展了一场抽奖活动，只要进店消费的顾客，无论消费金额，都可以参与抽奖。奖项及奖品设置如下：

一等奖：10 名，奖品为价值 1598 元的烫染造型套餐；

二等奖：20 名，奖品为价值 998 元的美容体验卡；

三等奖：50 名，奖品为价值 198 元的总监发型设计；

幸运奖：若干名，奖品为洗发体验卡。

商家特意强调中奖概率为百分之百，该活动在店门口用一张醒目的大海报展示出来，吸引了不少过路客进店。该店持续不断的客流持续了很长一段时间，一度冷清的美发店生意有了很大起色，拓展了不少新客，抽奖活动大获成功。

第一家店的抽奖活动，顾客为何积极性不高？因为中奖概率太低，顾客不相信自己会那么幸运，也担心商家暗箱操作，担心兑现不了原本不多的奖项。

第二家店的活动成功，是因为其给顾客造成了这样一种感觉：中奖名额很多，甚至来者有份，抽到大奖的概率也不小，因而吸引了更多人来参与。

抽奖活动的成功不仅取决于这一方面因素，还有注意规避几个误区。

1. 只关注中奖顾客

很多商家通常都将活动的关注重心放在了中奖顾客身上，对大多数未中奖的用户则放任自流，置之不顾。这些商家忘记了举办抽奖活动的初衷——引流，放弃未中奖顾客等于白白流失一批潜在客户。

如何改进呢？尽量让抽奖活动覆盖所有参与的顾客，即使因中奖名额所限，有些顾客没有中奖，也要给出相应的奖品或补偿福利，不要让他们心理落差太大，不要浪费每一个来抽奖的顾客。

这样不仅能增加客流量，而且也更易于打动顾客，使之对商家心生好感，充满信任。

2. 没有任何门槛

没有门槛的抽奖同其他任何不设置门槛的引流活动一样，效果都不会很好，原因在于：

首先，没有门槛意味着谁都可以参加，导致活动吸引来的都是泛客流，不够精准，不利于进一步的追销和成交；

其次，没有任何条件限制的抽奖活动也会让顾客质疑活动的真实性，即使参加了，他们对这种抽奖机会也不会太珍惜。

因此，有必要为抽奖活动设置一些门槛，哪怕低一些，如消费满多少金额、转发朋友圈、获得多少个朋友圈点赞，就可以参加抽奖。

切记，一定要有门槛，让用户觉得奖品得来不易，这样才有价值。

3. 夸大奖品价值

举办抽奖活动的商家习惯性夸大奖品的价值和价格，其实这样只会给参与者带来心理落差。再者，如今各类商品价格都已非常透明，虚标奖品价格的行为只会弄巧成拙。

与其如此，不如坦诚一些，如实标明奖品的价格和价值，以彰显活动的诚意。

抽奖引流	
费用指数	★★★★
操作难度	★★
效果指数	★★★★★
适用店铺	服务类、快消类、教育培训、餐饮、美容美发、电器销售、家居建材类实体店

第 77 招　地推引流

地推即店面推广、线下推广，是一种线下营销引流方式。

相对于线上推广，地推能做到流量可控，可调整场景及地推人员的数量，灵活控制新客流量的引进数，从而高度契合门店的推广节奏。

地推引流常见的形式有门店活动、扫码活动、出摊位推广、沿街发放传单等。引流的目的地有两个：其一是向线上引流，即吸引客户添加微信、关注公众号、进微信群；其二是向门店引流。

地推引流成本较低，性价比非常高，甚至一些互联网公司，如美团、饿了么、滴滴打车、阿里巴巴等，前期也都通过专业地推团队来迅速拓展市场。

案例 77-1

某商场一家儿童用品店门口设置了一个卖棉花糖的小摊，摊主是一位可爱的小姐姐。由于该摊位所在楼层经营的都是儿童用品，路过的孩子非常多，再加上棉花糖对孩子的吸引力十足，因此生意非常好。

在这里买棉花糖，只需添加店主微信即可减免 2 元，而一个棉花糖的原售价为 5 元。可想而知，除非是极个别对价格不敏感的顾客，大部分都愿意添加微信购买。

而那位卖棉花糖的小姐姐其实就是儿童用品店的工作人员，整个引流过程非常自然，要知道有些人拿礼品交换都不见得能吸引路人添加微信，而她不仅吸了粉，还赚了钱。

一说到地推，很多商家的第一反应往往是做的人太多了，能有效果吗？效果还是有的，主要取决于如何去做以及执行的力度。

很多实体店之所以不愿意做地推，多是因为——

没经验，很纠结，不敢去尝试；

风吹日晒太辛苦，不愿持续做；

不总结，不改进，效果不明显。

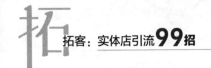

而成功地推取决于三个因素。

1. 礼品的选择

地推最好有相应的小礼物赠送，以吸引顾客注意力。礼品选择有三个要点：

第一，投其所好。根据所拓展的目标顾客群的特征选择相应的礼品，好的赠品不在于价格的高低，而在于能否让客户感兴趣。

第二，应景。根据相应场景来选礼品，去幼儿园学校附近做地推活动，可以送玩具、气球；去景点附近做地推活动，可以送自拍杆等。

第三，购买渠道。量少可以在淘宝购买，量多可以选择阿里巴巴购买。

2. 话术的设计

地推话术有两个层面。

第一，接触客户时的话术。简单来说，就是要描述清楚这样几个问题：

- 你是谁？
- 你要干什么？
- 你找客户干什么？
- 你这么做的理由是什么？
- 客户为什么要配合你？

把以上问题尽可能简单地说清楚，将自己的诉求点和客户的利益点结合起来，可有效提高地推拓客的效率和成功率。

第二，客户维护话术，即添加微信后的话术，如果维护不当，很多人即使添加了微信也会很快删除。对新添加的客户不可置之不理，也不可过度热情，需要传达给他们这样一个信息：平时不会无故打扰，有优惠活动时才会进行告知。

有利益点存在，客户通常就不会再删除微信好友。

3. 人员的安排

地推活动建议以小组的方式进行，团队中至少要安排一名女性，这会让团队整体的感觉更加柔和、协调，也更容易赢得信任，降低客户戒备心理。

地推要选择合适的人员进行，一些性格腼腆的、在公共场合放不开的店员显然不适合开展这类工作。另外，地推在很多人眼里比较低端，很少有人愿意在这个岗位上沉淀，都不愿意长期做地推工作。

针对这个问题，建议如下：

第一，掌握好地推的节奏，以及人员的轮换；

第二，配合奖励措施，使地推人员能够得到相应的奖励和报酬；

第三，多渗透地推岗位的意义所在。客观来说，地推工作非常锻炼人，如阿里巴巴负责地推营销的地面推广部门在内部被誉为"阿里中供铁军"，是一支强大的地面营销团队。阿里地推团队人才辈出，它为阿里巴巴培养了很多高管，包括后来曾做过阿里 CEO 的陆兆禧、农村淘宝的负责人孙利军，以及后来阿里巴巴 O2O 公司的运营团队骨干，很多都是从阿里铁军中出来的。

地推引流	
费用指数	★★
操作难度	★★
效果指数	★★★★
适用店铺	所有实体店

第 7 章

借 力 引 流：

搭好顺风车，顾客自然来

第78招 **客户转介绍引流**

资深公共关系专家李维文在作品《六度人脉》一书中提到：每个客户的背后都有 250 个准客户。

每一名老客户的背后都有一批潜在客户，商家要善于发动老客户的力量，让他们主动去转介绍。

发动客户转介绍是一种行之有效的引流方式，也是性价比最高的一种方式，客户转介绍的拓客成本要远远低于商家直接拓客的成本。

1. 转介绍的基本前提

成功的转介绍拓客建立在三个前提之上：

第一，转介绍行动对介绍人有利；

第二，转介绍行动对被介绍人有利；

第三，转介绍行动对商家有利。

以上任何一个条件不具备，转介绍活动都难以成功和持续下去。

案例 78-1

某美容院准备了 20 张价值 1000 元的消费储值卡，作为母卡，赠送给店里忠诚度、消费额度最高的 20 名老顾客。同时，又每人附赠 10 张金额为 100 元的免费体验子卡，并承诺老顾客每送出一张子卡、引来一名到店体验新客，就可以同步激活其手中母卡中的相应金额，可直接抵现消费。

以上即是三赢的转介绍机制，老客户得到了好处，新客户可以免费体验，美容院获得了客流。

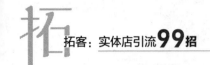
2. 客户转介绍的时机

当出现以下情况时，可请客户进行转介绍：

第一，当客户购买产品或服务的时候，流露出满意和兴奋的表情；

第二，当客户对商家表示感谢和赞扬的时候；

第三，当产品或服务得到了顾客认可，甚至提供了超预期体验的时候。

3. 足够的利益驱动

利益刺激是客户付诸转介绍行动的直接动力。同样，通过转介绍行动，老客户能得到的好处也要尽可能直接、有诱惑力，避免给出一些模糊的概念，如有精美奖品赠送、再次消费可以享受折扣价、可参与抽取神秘大奖，对这类不确定性的利益，客户很难有积极性。因为人们在做出某项行动之前往往都会进行价值评估，即值不值得自己去做，对于没有明确收益的活动，他们根本不会有行动欲望。

案例 78-2

一家眼镜店，对于成功消费的顾客都会发放五张推荐卡。该店还承诺，只要顾客再介绍一名新客户，就可以退还其消费金额的 20%，依此类推，当顾客介绍五名新客户时，其消费金额就可以全额返还。

老客户转介绍来的新客户也享有同样的转介绍福利。该店借助这种客户裂变机制，顾客越来越多，基本都是转介绍而来的关联客户。由于眼镜行业较高的利润率，因此其实际拓客成本算下来并不高，性价比要远远高于其他推广方式。

4. 转介绍的流程要足够简单

老客户不是商家的专职推销员，他们没有义务付出大量精力和时间去转介绍客户，因此转介绍的方案和话术要设计得尽可能简单、直接，三言两句即可表达清楚，切忌让顾客记忆复杂的转介绍话术和方案。

客户转介绍引流	
费用指数	★★
操作难度	★★
效果指数	★★★★
适用店铺	所有实体店

第 79 招　利润倒推（买客户）引流

利润倒推引流法，即通过对单客、单笔生意、单客终身利益等的核算来反向设计引流成本，即用买客户的思维进行引流。

事实上，我们所进行的一切有成本产生的商业推广性活动本质上都是在买客户。例如，无论是做宣传、打广告、做促销、给赠品，都要付出一定的成本和费用，这些费用都花在了买客户上。

注意，买客户不是买卖、交换客户信息、资料，这是违法行为。

利润倒推引流法可以让引流的成本更可控，让买客户的成本控制在一个合理范围内，不至于超支。

例如，某单生意可以给商家带来 500 元的利润，假设可以用 500 元吸引到 10 个客户，只要有 10% 的成交率，即成交一名顾客，那么又可为门店带来 500 元利润，就不会亏损；如果超出一名顾客成交，那么就有利可图。

利润倒推引流，通过精准的引流成本核算将意向顾客吸引进来，只要成交率能超过某个临界点，就是划算的。

具体执行上，对于高毛利的产品、服务，可以通过这种单笔利润倒推的方式来计算获客成本；对于低毛利的产品、服务则可以通过终身利益、预期利润等考量因素来计算。

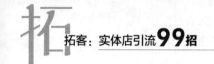

1. 单笔利润引流

以门店单笔平均销售利润为出发点，按照成交率来计算出平均拓客成本，以此成本为基准来设计引流方案。

案例 79-1 ●

某老板在家居市场开了一家做高端环保涂料的门店，他的主要客户是要装修房子的中高端客户。根据经验和历史数据，平均每位到店成交客户大概能为他创造 5000 元的利润，其门店的到店客户成交率为 10%。

如果从拓展新客的成本上计算，假设引流 10 名顾客能够成交 1 名，这是保本的底线，即能够保本的单客拓展成本为 500 元。

据此，该老板设计了一个成本为 250 元的引流产品包，只要精准投向 20 名潜在客户，那么根据以往的顾客进店成交率，就有利可图。

哪里寻找精准客户呢？

这名老板很聪明，他找了几家附近的装修公司和装修门脸，说出了自己的合作方案：只要是这些商家的优质顾客，就赠送一项市场价 2500 元的电视背景墙的高端涂料粉刷服务，成本价不超过 250 元。

免费赠品送上门，装修商当然乐于合作，他们也可以以此为卖点来吸引客户。

后来的合作效果超出了该老板的预期，由于装修公司提供的顾客精准度要远远高于门店上门顾客，通过该渠道引流而来的顾客成交率竟然达到 30% 以上，即每送出 2500 元的引流产品包，就能换来至少 3 个成交客户，创造不低于 15000 元的利润。

2. 终身客户价值引流

终身客户价值引流即通过对顾客的终身价值来反推引流产品的成本。终身价值即长期客户在一定周期内为商家所贡献的价值，适用于老顾客、回头客、长期会员客户。

对终身客户价值的核算可以参照第一种方法，但对高价值型客户的引流不仅仅是提供赠品那么简单，商家必须要有能够吸引他们长期消费的真本事以及较强的顾客关系维护艺术。

3. 根据预期利润引流

利用预期目标利润来设计引流方案，要设定好预期完成的利润，并计算好销售额，然后拿出部分利润前置，通过销售额与成交率计算出买客户的成本。

例如，一家电器专卖店，假设每月销售额为 20 万元，需要成交 50 名顾客，经营利润为 3 万元，单客创利为 600 元。假设进店顾客成交率为 25%，要想实现 50 名成交客户，就要吸引 200 名顾客进店。

如果每月拿出 1 万元的经营利润进行引流，那么引流产品的最高价值不能超过 150 元（每 4 名顾客才能创造 600 元的利润，根据 25% 的成交率，需要进店 4 人才能成交一人），否则很难收回投资。所以，就可以将成本价 99 元、49 元的小家电，如饮水机、电吹风、剃须刀等作为引流赠品。

利润倒推（买客户）引流	
费用指数	★★★
操作难度	★★
效果指数	★★★★★
适用店铺	所有实体店

第 80 招　美女效应引流

在网络上经常可以看到类似这种标题的文章——

- 某珠宝店这个丝袜美女店员要火了；
- 美女穿成这样卖菜，吸引了大量男性顾客，生意太火爆了；
- 美女老板娘的生意太火了，主要是人太漂亮；
- 男顾客争相排队购买"卤肉"，为何生意如此火爆？因为老板是美女；

● 这个店生意太好了，原来老板有绝招，里面全是美女；

● 自从我店里来了两位美女，生意一天比一天火；

......

以上反映的其实都是市场经济中的美女效应，实践证明，美女效应拥有独特的营销魅力和引流潜能。在美女经济中，美女成为市场经济的重要媒介，形成以美女和欣赏美女的人们为目标消费人群的经济形式，让整个社会达成对美丽的分享。

在广告视觉元素中有一个3B原则——Beauty、Beast、Baby（美女、野兽、儿童），其中首位要素就是美女。这是因为对于人类社会来说，"美"是每个人都心儿向往之的，在日常营销推广中，"美""美女"应该是商家手中最有效的一种武器。线下实体商家如果将"美女效应"运用得恰到好处，可起到事半功倍的效果。

案例80-1

广西柳州一个菜市场内，一家卖猪肉的摊位生意明显好于其他竞争对手，原来很多顾客都是奔着老板娘去的。她是一个26岁的妙龄女子，身材高挑气质佳，人长得漂亮，又会穿衣打扮，顾客都说她的一举一动都很有韵味，像是模特，同其他卖猪肉的摊主形象有着天壤之别，顾客都称其为"猪肉西施"。

案例80-2

韩国的公共调查项目Mind Issue在一项研究中发现，店员的外貌和利润之间存在正相关。在对韩国东滩附近的一家网吧进行调研时，研究人员发现该店有一名漂亮的网管，吸引了很多顾客光顾，还为网吧带来了更高的利润。

据网吧老板透露，这名美女店员到来后，网吧的经营利润上涨了5%左右，有很多顾客为了见她一面甚至从很远的地方专门赶来上网。

实体店如何更好地借美女效应引流呢？

1. 打好美女牌

如果店内有美女店主、美女店员、美女促销员，都可以在宣传推广上"做文章"，使之成为吸引顾客的一道亮丽风景线。

美女店员不仅在拓客引流上有优势，在促成顾客消费上也有着得天独厚的便利条件。调查数据显示，女性在推销时遭到拒绝的概率仅为 27.6%，而男性推销员被拒绝的概率则高达 46.9%，由此也可见，女性尤其是美女更容易被大众所接受，人们在面对女性尤其是美女时的戒备心理往往也较低。

2. 美女效应因人而异

不同人群眼中的美女形象是不同的，如：
- 男性眼中的美女通常是那种直接美、性感美；
- 老人眼中的美女多是那种温婉美、知性美、内敛美；
- 女性眼中的美女则是身材美、瘦身美。

因此，要根据目标客户群体的喜好，有针对性地采取策略。

3. 把握好尺度

借美女效应推广引流时，要注意把握尺度，以传播美为宗旨，千万不要与低俗挂钩。

美女效应引流	
费用指数	★★
操作难度	★
效果指数	★★★★★
适用店铺	所有实体店

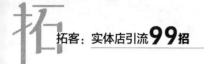

第81招　名人效应引流

　　心理学上有一个皮格马利翁效应，讲的是人们会不由自主、不受控制地受那些自己所喜欢、钦佩、崇拜的人的影响和暗示。这类人通常是各界名流、名人，具有名人效应。

　　商家借助名人效应进行宣传，其实就是利用普通消费者对他们的仰慕心理对其进行心理暗示，从而达到推广引流和销售的目的。

案例 81-1

　　2011年3月，大S和汪小菲在三亚康莱德大酒店举办婚礼，婚礼使用的所有房间都由酒店免费提供，两位新人仅支付了工作人员的辛苦费；同年6月8日，孙俪和邓超在上海丽思卡尔顿酒店举办婚礼，据悉，酒店为两位名人开出了史无前例的优惠价。

　　酒店之所以愿意以超低价甚至免费的方式服务名人，看重的正是他们的名人引流效应。因为随着社交网络的流行，名人婚礼照片通常会发布至各种社交媒体上，同粉丝分享，而提供服务的酒店等场所也能顺势蹭一波流量。例如，2012年底，姚晨赴新西兰完婚，当天其微博转发量高达17万次，还顺带让新西兰旅游局官方微博的粉丝整体增长了将近5000人。

　　根据商家实力的不同，名人效应引流也有不同的操作方式。

1. 名人代言

　　名人代言是效果最直接的一种宣传引流方式，缺点是费用较高，中小实体商家无法承担，比较适合大型连锁商业机构。

2. 名人活动

　　可邀请本领域的专家、名人进店举办某种活动，以吸引客流。例如，书店邀请作家进行新书发布或签售活动，理疗馆邀请医疗专家进行现场讲座、宣传。

3. 名人消费

名人到店消费过也是商家的一个卖点和引流点，可以宣传文案或店内照片合影展示的形式传播出去。

案例 81-2

石家庄有一家不起眼的"李氏腌肉面"馆，开了十余年，老板一辈子研究腌肉面做法，有自己的独特配方，据称每天都能卖出几百碗，其中80%都是回头客，而新客则大多是被于谦吸引来的。

原来，知名相声演员于谦曾在该店用过餐。据老板透露，于谦当时点的是一个饮料、一盘焖子、一碗凉菜和一大碗腌肉面。于谦还问老板什么时候能把店开到北京去，这样就能天天吃上面了。

这个特殊的顾客作为商家的宣传点也带来了很多新客流。

4. 名人同款

有些商家可能既请不起名人代言，也没有实力吸引名人来做活动，同时也没有幸运到让名人来消费，这样是否就没有借用名人效应的机会了呢？

当然不是，还有一个"秘密武器"可供店家使用——明星同款，即通过销售明星同款产品来吸引顾客的注意力，也能收到不错的引流效果。

名人效应引流	
费用指数	★～★★★★★
操作难度	★★★
效果指数	★★★～★★★★★
适用店铺	所有实体店

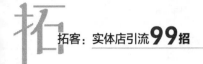

第82招　权威效应引流

俗话说"人微言轻，人贵言重"，身份地位低的人没有话语权，没有说服力，言语没有分量；而身份高、地位高的专业人士、权威人士、高能人士则更有话语权和权威性，其言论更容易让人信服。很多情况下，普通大众也心甘情愿信服权威。

准确地来说，这种现象是一种权威心理暗示效应，即当某个地位高、有威信、专业性强的人士发表某种言论时，通常更容易引起重视，人们更愿意相信其言论的正确性和合理性。

权威效应影响力存在的基础为人们具有的某种追求安全的心理，认为权威人物是他们行为的楷模、行动的明灯，能给自己带来安全感，降低出错的概率，有时甚至会发展成一种对权威人士的盲从和盲目崇拜。

美国某大学曾做过一项心理试验，在一堂公开课上，学校从德国请来了一位著名的化学家。授课中，这名化学家郑重其事地拿出一个瓶子，称里面是一种他发现的新的全新化学物质，有某种特殊的气味。打开瓶子后，化学家捂住了鼻子，并让课堂上闻到气味的学生举手，结果大多数学生都举起了手。

而实际上化学家拿出的瓶子里装的只是没有任何气味的蒸馏水，结果在化学家这名权威人士的暗示和引导下，很多学生都认为瓶中液体确有气味。

权威效应的力量有时是相当强大的，主要表现在以下两点。

第一，让受众变得不自信。 当受众的观念、看法同权威人士的观点出现偏差时，普通人明显会怀疑自己是不是出错了，会出现明显的不自信，因为对方是权威人士，"人贵言重"，从而盲从其言论。

第二，让受众失去独立思考和判断的能力。 很多人习惯信服、听从权威的话，而没有自己的观点和判断，长此下去，遇到事情也不愿意主动思考，一味听信别人，会失去独立思考和判断的能力。

而这种权威人士对受众的引导、暗示效应也经常被商家拿来"做文章"，如做广告时请权威人士盛赞其产品，从而对消费者施加影响力。

实体店也可借助权威效应来引流拓客，操作方式如下。

1. 邀请权威做活动

通过邀请特定领域内的权威，如律师、医生、理财专家、营养师、医美专家等进店开展活动、指导工作，吸引客流。

案例 82-1

某儿童生活馆推出了一项针对婴幼儿的促销活动，客户通过微信预约报名，只需付 29.9 元就可得到以下服务：

（1）价值 118 元礼包一份；

（2）游泳池免费游泳一次（价值 68 元）；

（3）卡通收纳箱一个（价值 68 元）。

为了吸引宝妈积极参加该活动，该店特地邀请了一名高级营养师、高级孕婴师现场开课，讲述科学育儿、科学护理以及婴幼儿营养膳食方面的专业知识，并现场解答家长们的各类育儿问题。

经过数天的宣传、蓄势，活动当天有 150 余名付费家长前来参加活动、领取奖品。活动结束，在店内项目免费体验环节，经过店员的追销，有 50 余名顾客选择了店内的婴幼儿游泳、护理、健康水疗等套餐，现场储值 10 余万元。

2. 自我权威性包装

类似于 IP 包装，自我权威性包装即将店主包装为某个领域的权威形象，操作要点如下。

（1）打造专家身份，成为所在领域的专家，如通过参加行业会议、同专家合影、获得专业证书、发表专业著作等形式来塑造专家形象。

（2）梳理理论体系。权威意味着要有自己擅长的某项内容体系，要持续输出领域内的观点、内容，并形成理论体系，通过自媒体渠道发布内容，吸引粉丝，打造高手形象。

（3）有粉丝群体。要通过权威形象和高价值内容的输出吸引粉丝，进而在粉丝的烘托、捧场下让权威形象更加饱满。

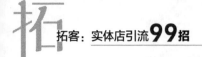

权威效应引流	
费用指数	★～★★★★
操作难度	★～★★★★
效果指数	★★★★★
适用店铺	专业店

第83招　异业合作引流

异业合作引流，即借助异业联盟（Horizontal Alliances）的形式进行抱团合作、资源共享，是指各个行业、各种层次的商业主体之间为了实现共同的利益，而组成的短期或长期商业联盟。

异业联盟参与者相对独立，同时又存在一定的利益共享关系，是一个相对紧密，资源共享、利益共存的联盟。

案例83-1

某银行信用卡积累了数千万用户，想通过积分兑换礼品的形式来提升用户活跃度和用户黏性；肯德基餐厅推出了新款的豪华午餐，希望有更多的消费者前来品尝。

银行的工作人员找到了肯德基，双方一拍即合，共同约定：银行信用卡用户用一定数量的积分就可以兑换一个新的午餐套餐。这样，银行回馈了老用户，增加了用户黏性；肯德基也达到了引流消费的目的，双方实现了"1+1>2"的双赢效果，皆大欢喜。

案例83-2

三十多岁的林女士经营着一家服装店，天性爱美的她经常去一家美容店做SPA。一次与美容店老板的闲聊中，双方无意中迸发出了一种双赢的合作思路。

林女士在自己的服装店里帮助美容店老板娘做广告宣传，当顾客购物满300元时，就赠送一张美容店价值300元的免费体验券，当顾客拿着体验券到美容店里体验时，就成了美容店的潜在顾客。

同时，服装店会印制一些代金券放在美容店，美容店顾客消费到一定额度就可以得到服装店的代金券，可以直接到服装店里消费，抵扣现金。

由于双方在产品上不存在任何竞争，在商业地位上相对平等，面对的消费群体也比较一致，只有合作而没有冲突，互利互惠，因此双方一拍即合。

异业联盟类似于案例中提到的商家，往往是一些没有任何业务交集的商家出于共同抵御市场"寒冬"的需要，采取"抱团取暖"的一种合作方式，可为参与者带来诸多积极效应。

第一，实现顾客资源共享。联盟参与商户之间可以实现顾客资源的共享，积"众弱"为"众强"，共同对抗电商和线下大品牌、大商家的冲击，这也是异业联盟进行资源共享、资源整合、资源营销的核心。

第二，让消费者得到实惠。异业联盟可有效实现消费者利益最大化，它的实质是将分散的各大利益主体共置于一个公共平台上，在该平台上，各方均能在合作的达成中实现自己的利益。在这个过程中，消费者也实现了"利益均沾"，得到最大化的实惠。

第三，降低营销成本。首先，异业联盟降低了营销成本。联盟商家的联合促销费用一般由双方和多方共同投入，有效降低了广告宣传成本，而且营业额增加了，也等于变向增加了利润，减少了促销费用。其次，通过异业联盟的渠道交换借用，可有效增加产品/服务的渗透率，降低昂贵的渠道成本。

第四，提高传播效率。实体店影响力的扩散和品牌效应的形成需要不断通过各种渠道来强化。通过异业联盟，商家可以利用其他商家品牌的影响力和传播渠道进行宣传，彼此搭便车，能有效提高传播精准度和拓客效率。

异业合作引流首先要分清自己是本行业的前端还是末端，前端产品一般以借助其他异业的礼品为主；末端是最占优势的，因为前端产品的资源大部分能用。其具体合租方式有如下几种。

（1）联合促销。各个联盟商家都邀约自己的客户参加共同举办的活动，同时享受多个商家的优惠活动。

（2）**联合活动**。多个联盟商家一起邀约客户组织一次活动，报名资料可以共享。

（3）**联合会员卡**。这是合作关系更紧密的一种异业联盟，客户可享受多家门店的会员服务，实现会员共享。

（4）**商家互推**。例如，互相在对方店内放置易拉宝、优惠券、朋友圈互推等。

（5）**换群**。通过互相将对方拉进自己微信群的方式来共享客户，同时拓展客户。

（6）**设计联盟特权包**。将联盟内关联商家的特权联合在一起，每家提供一项特权，整合成一个特权包，然后打包赠送给目标客户，提升吸引力。

异业合作引流	
费用指数	★★★
操作难度	★★★
效果指数	★★★★
适用店铺	所有实体店

第84招　意见领袖引流

国外一项消费研究数据表明：当出现消费意愿时，有54%的消费者表示他们会受某些社会小团体影响，有31%的消费者表示他们的网上购买意愿主要受各类博主的影响。

而在面临消费决策时，消费者受意见领袖的影响更加明显，有60%的年轻消费者表示他们曾在过去半年内因受意见领袖的影响而做出了某项消费决定。

意见领袖是指那些能够影响一群人的少数人，满足如下特征：

第一，同被影响者是平等关系；

第二，意见领袖有可能是明星、名人、网红、博主，也有可能是日常生活中的普通人，如亲友、同事、邻居等，是大家所信赖的人；

第三，意见领袖不具有明显的群体和阶层特征，各群体和阶层都有所分布。

普通消费者的消费行为之所以会受意见领袖影响，是由两个因素决定的：

第一，人们的精力有限，不可能精通所有垂直领域。因此，在进行某个垂直领域的消费时，比如如何选择减肥产品、如何选择环保装修材料、如何选择健身机构时，就会受所在领域有话语权的专业人士影响；

第二，为了追求性价比，避免上当受骗。意见领袖某种程度上是普通消费者的引路人，能够降低其上当受骗的可能性，同时带来更高的性价比。

正是由于意见领袖对特定人群的重要消费影响力，使其具备了重大的营销价值，商家可借助意见领袖来对目标顾客施加影响。

1. 从顾客中找出意见领袖

安迪·赛诺维兹在其著作《口碑的力量中》有这样一番描述：

有些人发表议论，是因为喜欢有人问他。他们对当专家乐在其中，人们请教得越多，他们就越发感到受重视。以权威人士的面貌出现，那感觉妙不可言。想方设法识别出这些顺客，给予他们更高的地位，简而言之就是感谢他们，把他们纳入消息圈子里，征求他们的意见。这些顾客会谈论你和你的产品，因为这显示出他们的重要性和专业性，也因为这使他们产生处于圈子内部的感觉。

以上描述的正是意见领袖，对实体商家而言，很多意见领袖就存在于老顾客中，他们满足以下特征：

第一，来店频率较高，无论是否消费，来的次数越多，对商家就越熟悉；

第二，所在社区范围内的固定住户，对邻里影响力较强；

第三，日常空余时间较多，可以有更多时间同周围的人聚集闲聊；

第四，在某个共同话题范围内有不少的同趣者。

找出这类顾客，让他们充当意见领袖，予以积极的引导和激励，充分施展其影响力。

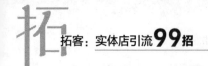
2. 关注垂直领域内的 KOL

KOL（Key Opinion Leader，关键意见领袖）指在某个特定群体中具有较大影响力和话语权的人，如相应垂直领域内的专业人士、自媒体、小网红。

运用 KOL 推广时，通常以其粉丝值来衡量。因为他们对粉丝有着强大的号召、暗示能力，其粉丝群体越多，引流拓客效果也就越好，费用也会越高。

案例 84-1

轻奢餐饮品牌雕爷牛腩在开业前曾经进行了半年的内部封测，封测期间，只有被邀请的人士才可以进餐厅品尝，据说韩寒就因为没有邀请函而被拒之门外。

拿到邀请函的包括各类大小明星、达人、美食专家，这些意见领袖用餐后都会在微博等网络媒体上分享消费体验；同时，再配合创始人孟醒自己在微博上晒厨神秘方、高品质食材、极致装修等，吊足了普通消费者的胃口。因此，餐厅正式开业后，人气爆满。

3. 注意负面意见领袖

除了以上可带来积极传播和口碑效应的正面意见领袖外，可能还存在一些负面意见领袖，即那些被不公平对待的消费者，或者是对消费不满的，又恰恰满足意见领袖的特征顾客。他们很可能会传播关于商家的负面信息，带来负面口碑。

针对这种情况，商家一方面要致力于提升客户满意度；另一方面要注意做好售后关系维护，对顾客的抱怨和投诉予以积极妥善的处理。

意见领袖引流	
费用指数	★★★
操作难度	★★★
效果指数	★★★★★
适用店铺	所有实体店

第 85 招　种子用户引流

种子用户即某些产品、服务的最初用户，第一波用户。

雷军有一个观点："最初爱你、赞赏你的就是核心种子用户，这些发烧友是人群中的意见领袖。而在消费电子行业中，意见领袖的评价对普通用户的购买决定有很大的影响力。"

其实，不只是消费电子行业，各类线下实体门店也需要培养种子用户，尤其是新开店或新展开微信社群营销的实体店。

"得粉丝者得天下"，种子用户是忠实粉丝，他们对实体店引流拓客的积极意义在于，种子用户通常呈现出非常强的参与性，会积极主动地向身边人来推荐和传播相关产品、服务。

种子用户的特征如下。

第一，忠实顾客。线下为经常到店消费的顾客，线上经常为商家点赞、评论、转发的顾客。

第二，有明确或潜在的需求。

第三，某领域的意见领袖，具有较强的传播力和影响力。

因此，如何得到优质的种子用户，完成"冷启动"，是很多实体店都会面临的问题。

案例 85-1

瑞幸咖啡早期冷启动时非常注重种子用户的获取。

在线下渠道，瑞幸选择的切入点是各大写字楼。因为相对于封闭的居民社区，写字楼人群虽然同样相对封闭，但内部人群之间具有更强的互通性，一家公司、一间办公室只要获取一个有效用户，很快就能带动一群客户，因为职场中的强关系会让他们自发传播。

如何将信息传达给这些白领呢？瑞幸投放的是电梯间分众广告，以首单免费的诱惑信息吸引第一批种子用户，再通过"拉一赠一"的方式刺激他们进行裂变传播，获得病毒式增长。

通常，只要将这种推广模式循环两个月，瑞幸门店就会成为所在商圈生意最好的咖啡店。

至于线上渠道，瑞幸获取种子用户的方法也非常简单粗暴，即直接在微信朋友圈进行LBS（Location Based Service，基于位置服务）精准定向广告的投放。其朋友圈广告内容是这样的："今天星期×，送你一杯大师咖啡。点击后输入手机号，即可免费领取大师咖啡1杯，但需要继续下载APP才能使用。"

新店开业后，瑞幸就会在朋友圈反复投放LBS广告，曝光效果和互动（用户点赞、评论、领券）效果极好，客户在朋友圈可以领取24元代金券，可在瑞幸所有连锁门店或通过外卖渠道抵现使用。

第一批种子用户看到朋友圈广告—领券—支付购买—分享朋友圈，就是一个完善的裂变链条。

通过线上线下的广告轰炸，瑞幸咖啡门店能够快速吸引一批种子用户，再借助激励措施，将更广范围内的顾客吸引进来，实现进一步裂变，从而构建一个庞大的私域流量池。

拓展种子用户时，要尽可能给予种子用户一些特殊的礼遇。

第一，给名。给予相应的荣誉，如VIP会员、创始会员等，满足其虚荣心。

第二，给利。需要有相应的利益刺激机制，激励种子用户主动传播、裂变。

第三，设门槛。只有符合一定条件的用户才可视为种子用户，此为设门槛；同时要限制种子用户的名额，此为限名额，这样他们才能更珍惜这种资格。

第四，参与感。邀请种子用户参与社群建设、讨论、管理，不定期组织线下活动，联络感情，保持种子用户的活跃度。

种子用户引流	
费用指数	★★★
操作难度	★★★
效果指数	★★★★★
适用店铺	所有实体店

第 86 招　顾问式引流

顾问式引流是指站在专业角度和客户利益角度提供专业意见和解决方案以及增值服务，使客户做出对产品或服务的正确选择。在这个过程中同时致力于构建客户对门店的感情及忠诚度，有利于进一步开展关系营销，实现一种长期稳定的顾客关系。

传统营销理论认为，客户是上帝，好的商品（服务）就是性能好、价格低，提供服务是为了更好地卖出商品（服务）；而顾问式营销认为，客户是朋友，是与销售方存在共同利益的群体，好的商品（服务）是客户真正需要的商品（服务），而服务本身就是商品，目的是与客户达成有效沟通（见表 86-1）。可以看出，顾问式引流将商家定位为客户的朋友、销售者和顾问三个角色。因此，如何扮演好这三种角色是实现顾问式引流的关键所在。

表 86-1　传统引流与顾问式引流的区别

传 统 引 流	顾 问 式 引 流
不管是否有需求，只负责告知客户	进行询问、诊断，给出解决方案
以销售人员的身份展开工作	以专家顾问的身份展开工作
以销售商品（服务）为目的	以帮助客户解决问题为目的
我要卖给客户商品（服务）	客户需要商品（服务），恰好我能提供
推销、解释为主要策略	积极引导，建立信赖

同其他引流方式不同，顾问式引流针对的商品（服务）大多是技术含量较高、专业性较强，需要具备一定专业知识，不再适用说服型推广模式，是以帮助客户解决问题的咨询服务型引流，通过解决问题来拓客。其重要内容在于发现客户的问题，让客户明了自己的问题，进而解决问题促成交易。

顾问式引流要求门店店员要化身为客户顾问，要有敏锐的观察力、一定的专业知识、良好的个人素质以及一定的耐性。

案例 86-1

孩子王是母婴用品连锁品牌，拥有活跃家庭会员数百万，孩子王接近98%的销售收入来自会员。

孩子王拥有完善的顾客关系管理，这是孩子王经营策略的核心所在，帮助孩子王构建了实体店和会员的"强关系"，甚至于孩子王的总部组织架构也完全围绕服务顾客而设立，其总部下面设有顾问研究部、顾客支持部、顾客经营部等专职部门。

在线下门店，除了店长、后勤、客服、收银员以及分管品类的主管之外，孩子王还设有一个关键职位——育儿顾问，相当于门店的销售人员，只不过其更专业，能为顾客提供专业的销售服务和育儿咨询，容易获得顾客信任。

据了解，孩子王超过六成的门店员工都是育婴师，其拥有的 2000 多名育儿顾问为用户提供专业化的贴心服务，注重人性化的关怀，育儿顾问已成为其各门店最重要的流量入口。

试想一下，如果让一名教师推销教辅资料，让一名医师推荐药品，让一名健康专家推销运动器材，让一名科学家推销他所研发的某种产品……这样的推广引流效果一定会非常好，因为他们更加专业，能以顾问的身份为客户提供服务。

从客户的角度看，他们通常也喜欢和那些见多识广、受过良好教育、专业素养良好、能专业解决其需求的人打交道。因此，必须让客户觉得你是他们的专家、顾问，你是用产品和服务来帮客户解决问题的人，而不仅仅是单纯的推销产品。

顾问式拓客流程主要包括五个步骤。

第一，诊断问题。诊断问题，即发现客户的需求点，为发现问题环节。该环节可以借助 SPIN 销售技巧实施，SPIN 分别代表：

- S（Situation Question）：情况问题、状况询问；
- P（Problem Question）：难点问题、问题询问；
- I（Implication Question）：内含问题、暗示询问；
- N（Need-pay off Question）：需要回报的问题、需求确认询问等。

主要通过背景问题、难点问题、暗示问题和需求效益问题流程逐步深度挖掘和诊断出客户存在的问题。

第二，服务切口。通过收集到的市场资讯、客户资讯、竞争产品（服务）

等相关信息，结合客户问题找到自己所能提供的解决方案的切入点。

第三，谈判设计。 在了解客户问题并清楚门店产品、服务竞争力的前提下，做好谈判设计以及解决方案设计，即如何同客户接触、如何谈判、如何让客户看到解决方案的优势、如何促成合作。

第四，谈判实战。 在实际洽谈接触中，要充分按照预定流程，将问题解决方案呈现给客户，要做到充分与客户互动，简而言之，就是生动地陈述解决问题的方案。

第五，售后回访。 售后回访是顾问式拓客不可或缺的一个环节，没有回访和售后服务的顾问式引流是不完整的，也不利于客户关系的长期维护。回访的方式有很多，可以询问售后的相关问题，如有没有遇到其他麻烦和后续问题？有没有需要帮助解决的问题？对门店的服务有什么建议？等等。

顾问式引流	
费用指数	★★★
操作难度	★★★
效果指数	★★★★★
适用店铺	专业性较强的实体店

第87招　众筹引流

通常意义上的众筹多指股权众筹，是指项目发起人通过出让一定比例的股份吸引普通投资者投资，以股权换投资。项目出让的是股权，得到的是发展急需的资金；而投资者获得的是股权和未来的收益权。

但就实体店众筹引流而言，筹集资金也是一个最重要、最根本的要素，毕竟它能为商家带来现金流，但这并不是唯一要素，通过众筹，实体店还可以筹来人脉及其背后的资源和影响力。

例如，"摆谱鸭店"是一家众筹餐厅，公司创始人出让了不到20%的股权，引入了30个股东。餐厅创始人张文成的格局很开阔，他称："我最需要的，并不是这30多个人投资的四五十万元，而是需要他们的人脉圈子，需要他们

在营销上的传播力量以及他们背后隐藏的资源……最简单的，每个人在他的朋友圈宣传一次，然后通过这些人的朋友圈辐射出去，最后可能有上万次的转发效果。"

这就是典型的引流型众筹。线下实体店不同于其他企业型组织，通常可用的众筹引流模式有两种。

1. 股权众筹：筹集股东、资金、人脉、客流

股权众筹的目的是筹股东，如某个线下实体门店打算筹集 1000 万元，招募 100 个股东，即每人出资 10 万元，占股 1%。这样，筹集资金的同时，也会给门店带来 100 名股东后的关联人脉、客流。

股权众筹，除了个别发起人外，其他股东通常只具备股权和分红权，而不享有实际项目的决策权和管理权，简单来说，即只享有分红，而不参与具体运营。这一点如果处理不好，会给众筹项目带来麻烦和后患，很容易导致项目失败。

案例 87-1

2012 年 2 月，长沙女孩李婷在豆瓣网发帖，希望以股权众筹的形式召集"很多人"来开一家咖啡厅，大家一起投钱，一起参与咖啡厅的筹建、经营管理，每个人只要出资 3000 元或 3000 元的倍数，但最高不超过 3 万元，就可以成为咖啡馆的老板。

帖子一出，应者云集，吸引了 120 余人参与，筹资 60 万元，这些发起人注册成立了"很多人文化发展有限公司"。

这起股权众筹活动曾轰动一时，但这种模式的隐患很快就凸显了出来。

股东就位，资金到位，公司成立后，接下来首要工作就是选址。这时，一百多名股东发挥的不是"人心齐泰山移"的作用，而是各抒己见，各有各的看法和倾向。在经过漫长而又详尽的开会、争执、对比、调研过程后，解放东路的一处店址终于获得了大部分股东的认可。

店址既定，紧接着要进行店面装修，股东们在选址时的意见不统一状况再次上演。

咖啡厅好不容易开业后，推行的是众人民主式管理，民主有了，效率却很难兼顾。事实上，"很多人咖啡厅"的股东大部分人是门外汉，并不懂咖啡厅的经营与管理，却又都想参与咖啡厅的日常管理。这样一来，董事长、董事和监事们就不得不花费大量的精力和时间来征求大家的意见，周旋于各个股东之间，找到决策的平衡点。

如此管理模式，其效果可想而知。开业之后，"很多人咖啡厅"就一直处于亏损状态。2015 年 7 月，"很多人文化有限公司"决定将咖啡厅全部转让给一对夫妻股东，实现产权转移，曾经喧嚣一时的股权众筹咖啡厅就此烟消云散。

"很多人咖啡厅"的失败并不意外，因为股东都参与到了管理中，意见无法统一，导致经营效率低下。因此，此类众筹项目的发起人务必要掌握话语权和经营权，只将有限股权（只享分红，不负责决策管理）分发出去。

2. 客户众筹：筹集客户、兼职推销员

这种众筹模式比较简单，如社区超市、便利店、美容店可以推出这样的众筹方案：向客户众筹 3000 元，客户除了可享有价值 3000 元的商品、服务外，还可以获得一个荣誉股东（不涉及股权，只是荣誉称号，可以享受转介绍提成）称号，名下享有 10 名新荣誉股东推荐名额，完成相应任务后就可以获得一定积分，积分可以折现返还，也可以抵现消费。

这样众筹来的客户，除了可以提前锁定一些销售业绩外，也可以发动众筹来的荣誉股东为商家积极推广拓客，扮演一种兼职推销员的角色。

建议实体店可以从这个角度入手，去设计自己的众筹拓客模式。

众筹引流	
费用指数	★★
操作难度	★★★★
效果指数	★★★★★
适用店铺	高频次、快消类实体店

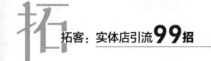

第88招　通过善待店员引流

塔·布克是瑞士著名的钟表大师，也是瑞士钟表行业的开创者和奠基人。

1560年，他在游览埃及时，参观了蜚声世界的金字塔。游览后，他断言，建造埃及金字塔的绝对不是奴隶，而应该是一群快乐的自由人。

2003年，埃及最高文物委员会通过对大量墓葬考证，证实修建金字塔的并不是奴隶，而是由当地有自由身份的农民和手工业者建造的。

但在400年前，塔·布克却是没有任何证据来证明这一点的。他之所以敢这样断言，完全是因为他自己制作钟表的经历。

塔·布克是一名天主教徒，1536年曾因为"亵渎"神灵被罗马教廷以异教徒的身份逮捕入狱。入狱后，监狱方面安排他制作钟表，但他怎么都制作不出日误差小于十分之一秒的钟表。而在入狱前，他制作的钟表没有哪一块日误差大于百分之一秒。

"一个钟表匠在不满和愤懑中，要想圆满完成制作钟表的1200道工序是不可能的；在对抗和憎恨中，要精确地磨锉出一块钟表所需要的254个零件，更是比登天还难。"塔·布克这样说。

推己及人，从自己的亲身经历，塔·布克想到了埃及金字塔的建造者。若是金字塔的建造者是满心愤懑和不满的奴隶，金字塔的各个环节就不可能被衔接得那般天衣无缝，连刀片都插不进去。所以，建造金字塔的一定是一群自由人，而且是虔诚而快乐的自由人。

时隔四百多年，瑞士的钟表匠依旧坚持并恪守着一条塔·布克传承下来的行业准则："在过分指导和过严监管的地方，别指望有奇迹发生。人的能力，唯有在身心和谐的情况下，才能发挥到最佳水平。"

读者可以仔细揣摩这番话。

实体店很多时候是靠店员吸引顾客的，而只有当店员在身心和谐、虔诚快乐、充满爱的情况下，才能将这种积极的情绪传达给顾客，感染他们，吸引其进店。

所以，店主要去善待店员，让他们感觉工作是自由的、快乐的、虔诚的，如此心境之下，他们才有可能为顾客提供更积极友善的服务。

案例 88-1

丽思卡尔顿酒店的信条卡上有这样一条座右铭："我们以绅士淑女的态度为绅士淑女服务！"它在业界被传为经典。

店员同顾客之间是一种服务与被服务的关系，但这并不意味着服务人员就低人一等。丽思卡尔顿酒店管理层深知，要营造恭敬且有温度的服务氛围与服务文化，就必须先在酒店内部营造一种尊重员工、善待员工的氛围。受这种氛围的感染，员工才能自然而然地为顾客提供有温度的服务，而非生搬硬套，挂着言不由衷的笑容，进行生疏而机械的服务。得到温情服务的顾客则会成为商家的常客，甚至影响身边的人前来消费，为商家带来源源不断的客流和利润，实现良性循环。

老板关心店员，店员才会关心顾客。只有被善待的店员才能发挥出更大的主观能动性，对顾客才能产生更强的吸引力和感染力。

商家要让消费者满意，首先要让店员满意；老板怎样对待店员，店员就怎样对待消费者，这是店铺吸引顾客的重要前提。否则，所有的努力都是无根之木，是开不了花、结不了果的。

通过善待店员引流	
费用指数	★
操作难度	★★★
效果指数	★★★★★
适用店铺	所有实体店

第 8 章

社 群 引 流 :

实现客流的裂变式增长

第 89 招　微信社群引流

很多实体店经营者都存在这样的困惑——

为什么店铺刚开业时，顾客很多，过了开业期，顾客就越来越少了呢？

为什么顾客川流不息，但都是"铁打的营盘流水的兵"，始终没有真正忠诚于自己的客户群呢？

管理大师彼得·德鲁克曾说："衡量一个企业是否兴旺发达，只要回头看看其身后的顾客队伍有多长就一清二楚了。"

线下实体店要想把生意做大做好，无非就是两件事情：稳住原有的老顾客，不断把新顾客变成老顾客。

如何做到这两点？

需要做好社群营销，将顾客拉入社群，变为粉丝，进行持续社群引流。

自媒体人罗振宇称："未来的品牌没有粉丝迟早会死。工业时代，你只需要有顾客和用户即可；而未来时代没有你的社群，没有你的粉丝，你就是死。"

在移动互联网时代，微信社群是微信中唯一能打破与非好友封闭社交的链接方式，而这正是目前实体门店所需要的营销方式。

案例 89-1

广州天河区某商业街新开了一家潮州特色小吃店，非连锁品牌，店铺位置优越。

新店开业，首先要解决客流问题，该店没有采取传统的宣传推广方式，而是开业三天前推出了一项预热活动。

在店面门口设置一个大大的横幅，上门写有"加店长的微信，免费吃一碗牛肉粉"。路过行人看到该宣传条幅，纷纷驻足停留，扫码加微信。

路人添加微信后，该店设置的回复话术为"恭喜今天添加小店微信的

您获得'牛肉丸粿条'1份。7月17日我们就要开业啦！欢迎您当天到店品尝，开业当天还有更多优惠惊喜哦！电话：……，地址：天河区……"

结果，短短三天时间，该店就被动引流600人，微信社群初步搭建完成，也是店铺私域流量池的最初班底。

另外，由于前几天积蓄了相当的客流，店铺开业后，店内人流涌动，顾客爆满，一炮而红。

社群的商业意义表现在：

其一，社群能够让消费者从"高速公路"上跑下来，形成真实的闭环互动关系，重新夺取信息和利益分配的能力；

其二，社群让互动和交易的成本大幅降低，令优质内容的溢价得以实现，让消费者的支付成本得以下降；

其三，社群能够内生出独特的共享内容，彻底改变内容者与消费者之间的单向关系。

那么，微信社群应如何运营才能收到良好的引流效果呢？

第一步：建立社群，筛选用户。

微信建群非常简便，关键在于筛选顾客入群，积累早期种子用户。前期进群的通常是那些对店铺产品和服务质量认可的忠实顾客，其能够产生复购、重复消费，值得维系。

进群的方式有以下几种：

（1）店内扫描二维码进群；

（2）店主、店员邀请顾客进群；

（3）顾客邀请亲朋好友进群，该类客户通常是精准客户，转化率较高，应予以重点维系。

第二步：激活用户，产生信任。

微信社群建立的目的是持续为店铺输出流量，因此有必要保持社群的活跃氛围，使群成员产生信任感以及对产品、服务的认可度。

保持社群活跃度的常用方法如下。

（1）优惠激活。喜欢占便宜是人的天性，因此在社群中经常推出优惠活动，发放优惠券或社群专属优惠资格对用户将是很有吸引力的。通过社群丰富的优惠让利活动，能够有效做到"线上参与，线下领取，线下消费"，实现线上到线下的引流，提高到店率，同时也能进一步同顾客产生关系黏性。

（2）内容激活。通过有价值的内容输出，使之发挥黏合剂、润滑油的作用，用来调和社群氛围。分享的优质内容可以是软文、专业知识，还可以是有创意的短视频。

（3）红包激活。红包是活跃社群氛围的利器，群主通过不定期的红包发放可以有效提升群成员的活跃度和参与度，保持社群活力。

第三步：社群运营，流量变现。

微信社群要设置一个称职的群主或管理员，既要具备一定的群内社交能力，能够活跃社群氛围，还要能够圆润处理各种群内关系；同时，还要建立社群规则，否则，没有规矩、各种垃圾信息满群飞的社群迟早会走向末路。

社群管理者要不断推陈出新，给出一些创新玩法，保持社群成员的新鲜感，提升其参与度。

根据社群所依托的店铺类型，除了不定期举行各种群内活动或福利发放外，还可以定期组织线下活动，交流情感。

但是，社群运营的最终目的是为店铺输出流量、变现，社群管理者要始终牢记这一最终目的。

微信社群引流	
费用指数	★
操作难度	★★
效果指数	★★★★★
适用店铺	所有实体店

第 90 招　微信会员引流

微信平台越来越成熟，功能日渐完善，腾讯已经将微信打造成一个"微信公众平台＋小程序＋微信会员卡＋微信支付"的整体商业闭环，非常有利于商家的引流和推广活动。

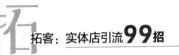

开通微信公众号和微信小程序的商家，通过这两项应用都可以设置微信会员卡功能，无需进行新的技术开发，直接在后台启用，进行相关设置即可。

微信会员卡是一个非常好用的线上推广、引流利器，通过相应的促销让利活动就可吸引大量的微信粉丝要么通过线上商城，要么持会员优惠信息前去门店消费，可大大提升商家的引流效率。

微信会员引流的重点是明确会员权益，有足够的权益，粉丝才愿意采取行动。这里涉及一套会员管理系统和运营方法，下面来看一个餐饮店的运作案例。

案例90-1

位于北京大望路的某家淮扬菜餐厅较早就开始了微信营销，其公众平台沉淀了大量活跃粉丝。为了充分调动线上粉丝的消费积极性，该餐厅借助微信会员卡设计了一套完善的会员权益活动：

（1）菜品会员价：每日推出部分菜品，线上会员可以享受会员价，比原价低20%左右；

（2）会员日：每周二为固定会员日，会员可享85折优惠，实际消费满一定金额还有精美礼品相赠；

（3）会员积分：会员消费按20∶1的比例换取积分，如消费100元可以记5积分，每一积分相当于一元，可于下次消费时直接抵现金；

（4）生日优惠：会员在生日前后的一个月内前去用餐都可享八折优惠，其他优惠方案可以累积；

（5）会员优惠券：商家在节日、店庆、开业等期间会通过公众平台向会员直接赠送优惠券；

（6）会员储值：储值即额外返20%的现金入会员账户；

（7）会员专属活动：如新品免费试吃等。

以上都是实打实的优惠措施，没有套路，没有陷阱，没有过多的商家最终解释条款，是真心实意地让利顾客。久而久之，线上粉丝也都很领情，线上向线下导流的效果非常明显，顾客留存率、活跃率、黏性都非常高。

可见，只有会员权益设置得充满诚意，使用微信会员卡的粉丝才有充分的动力去消费。

商家开通了微信会员卡管理系统后，还要致力于对其进行全方位推广，以便被更多的顾客所了解、认可。微信会员卡常见的宣传投放渠道如下。

1. 沿街派发

采取地推的方式，安排店员或其他人员上街派发，将店铺的公众号二维码印在宣传单上，由派发人员对路人进行简单的讲解，最好有小礼品相赠，以吸引行人扫码关注，成为会员。

这种方式虽然效率不高，但是成本较低。

2. 店内二维码

对进店消费的顾客进行二次营销，鼓励其关注公众号，成为会员后可享受各种优惠活动。对这种推销，大多数顾客都乐于接受。

3. 朋友圈推广

微信群流量大，推广效果好，但不要直接让大家扫码关注，容易引起反感。可以通过赠送礼品或优惠券来吸引大家扫码领取、关注。

4. 线上社区推广

百度贴吧、地方论坛、社区等都可作为投放的目标。

5. 微信公众平台群发

将会员卡加入图文消息里群发给粉丝，引导其领取。

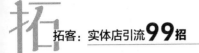
6. 微信支付推送消息

顾客线上或到店微信支付后，设置为默认关注商家公众号，同时公众号推送会员卡给用户。

微信会员引流	
费用指数	★★
操作难度	★★
效果指数	★★★★★
适用店铺	快消类、高频类实体店

第91招　红包群引流

如今，流量成了商家必争的稀缺资源，大家都想获得流量，更渴望获得精准流量。如果能实现低成本甚至免费引流，则更受商家欢迎。

但是，世界上并没有真正免费的东西，而且从某种意义上来说，免费获得的东西也未必就是好的。"免费的东西往往是最贵的"，因为免费带来的流量往往精准度不是很高，粉丝的黏性不是很强，后续推广和维护的成本会比较高。总之，免费获得的流量其效率和性价比通常比较低。

有时适当付出一些流量成本，反而能收到最佳的引流效果。我们知道微信的用户群体庞大，使用频率高，而微信红包是全民参与、老少皆宜的福利活动，它的诱惑力非常强，虽然多数情况下参与者抢到的金额不是很高，但其过程却有趣好玩，所以参与度高。

商家引流时，可以借助微信红包这一工具对粉丝诱之以小利，往往能激活粉丝社群，引来具备高度消费潜力的真流量。

案例91-1

作者的一位朋友在县城经营一家饭店，由于位置不佳，饭店人气不旺，生意惨淡，入不敷出。有段时间，该朋友都想关店另谋出路了。

一次聊天，作者偶然提到了微信红包群的推广方式，言者无心，听者有意，作者的建议让这位朋友恍然大悟。

回去后，他就着手打造自己的微信红包社群，在店内设置二维码，告知前来吃饭的顾客扫码进群后可以抢红包，另外还在朋友圈分享了该信息。

当群成员突破 200 人时，他果然没有食言，每天都会发红包，而且出手大方，一发就是 200 元。抢到红包的人都非常兴奋，不断拉好友进群；没有抢到的也不气馁，充满了期待。

但是，进群是有门槛的，群公告上有这样的提示：只有本地的朋友才可以加群，想要进群者需要拨打群主的电话进行确认，这样能够保证吸引来的都是本地的潜在顾客。

群成员越来越多，后来又发展到二群、三群，群主依然坚持每天发红包。一段时间后，群成员才无意中得知群主是开饭店的，但他从来不提，也不做广告。

有些群成员开始感觉过意不去了，他们为该老板的气度所折服的同时，也决定去饭店捧场。

于是，饭店客流开始多起来，再加上店内菜品口味本来也不错，价格也实惠，生意渐渐红火起来。

随着社群越来越成熟，该老板又设计了一个大招——每天下午都会在各个群内发一份海报：本群成员到本店就餐一律打 8.5 折，消费满 300 元赠送精品茶具一套（每天限 15 套，实际采购成本很低）。

在该促销信息的刺激下，群成员进一步裂变，群内粉丝正向拉人进群，以便能享受到优惠和赠品。

结果，不到两个月，该饭店就扭亏为盈，月利润在 4 万元以上。

只是一个简单的本地红包群就让一家濒临倒闭的饭店扭亏为盈，表面上看似简单，其实背后体现的是老板的心胸、格局。

商家在使用微信红包群引流时可以借鉴以上思路，但不建议生搬照抄，要掌握好其中的尺度。

在微信红包群内发红包本身不是目的，它只是一个引流的手段，真正的目的在于：

第一，激活沉睡的粉丝，激活社群，让社群的消费潜力得到激发；

第二，提高粉丝的积极性和参与度，红包无疑能够刺激大部分爱占小便宜的粉丝的神经，粉丝只有动起来，才能实现快速引流；

第三，给粉丝留下好印象。

红包群引流	
费用指数	★★★
操作难度	★★
效果指数	★★★★★
适用店铺	高频次、快消类实体店

第 92 招　集赞引流

我们经常收到微信好友发来的这种信息：

"朋友圈第一条点个赞，谢谢！"

在朋友圈更是经常看到这样的集赞信息：

"大家帮忙点个赞，集满 40 个赞，就可以免费吃烤肉了！"

"求大家点个赞，满 50 个就可以免费拿××了，谢谢大家！"

"需要 15 个赞，谢谢大家！"

为什么朋友圈会经常出现这类集赞信息呢？

其实，朋友圈集赞就是商家玩的一种最简单，也最常见的裂变引流方法，之所以选择微信朋友圈，是因为这是一个真正的流量洼地。微信拥有 10 亿用户，其中 75% 的用户都有玩朋友圈、看朋友圈的习惯，如此庞大的流量池有流可引。

朋友圈集赞的基本逻辑是老带新，即让老用户通过朋友圈转发集赞信息来带动新用户。而新用户之所以愿意点赞，甚至也加入进来参与转发集赞，是因为他们同老用户的关系比较亲密，基本是亲朋好友，社交关系比较亲密，多是出于社交信任来点赞。

从底层逻辑看，朋友圈集赞本质上是一种众筹活动，其赖以实现的前提是朋友圈中的社交信任。

在集赞引流的活动路径中，核心要点有以下三个。

第一，发动老用户，转发自己的活动，壮大声势，提高曝光度，增加曝光时间，被更多的潜在用户所浏览。

第二，集赞的奖励要有足够的诚意和吸引力，能够激发客户的积极性，使之愿意转发。对于完成集赞任务的用户，要毫无障碍地兑换奖励。

第三，集赞引流的最终目的是吸引新用户，促成拉新。

案例 92-1

某母婴用品店发起了一场朋友圈评比活动，参加的用户都是以往通过店内扫码添加的微信好友。评比内容为儿童笑脸照片，参加者需要添加组织者微信，再由组织者将孩子照片发布在个人微信朋友圈，参与的家长就会拉好友（多是同类型的家长）加组织者为好友，然后去其朋友圈点赞，获赞数量前三名的孩子有奖，奖品为奶粉、扭扭车、遥控汽车。

上述集赞流程并不复杂，唯一不同的是需要添加组织者的微信，这也是组织者的目的所在，通过集赞活动来实现微信导流，实现微信好友的裂变。

最后的效果如何呢？据称，有些朋友圈强大的家长竟然拉来了数十位精准好友，其中有不少好友也加入了这种评比活动，实现了二次、三次裂变。

该店主举办了几场活动，就将一个微信号加满，带来了近 5000 人的精准好友，后期只要进行适当的运营、营销，就可以为线下店面带来可观的客流。

集赞前期可以带来流量，到了后期可以进入集赞循环，开展进一步裂变引流，放大集赞的价值。商家可以按照以下步骤来设计集赞活动。

第一，设计门槛。有门槛的活动才能更好地调动大家的积极性和参与度，以实现效果最大化。

（1）数量门槛。建议集赞数量在 30～50，数量设置太少，引流效果不明显，容易增加成本（完成者众多，需要兑现更多的奖品）；数量设置太多，又会让用户知难而退，打消其积极性。

（2）内容门槛。参与者需转发指定图文才可以参与集赞。

（3）时间门槛。集赞要有时间限制，一方面可以激发用户参与积极性；另一方面，对商家而言，控制好截止时间，也就相当于控制了活动成本，避免成本超出预算。

（4）兑现门槛。原则上不要给参与者设置任何兑现门槛，但为了避免其集赞完成后就截图，然后删除集赞信息，可规定用户在兑现奖品时需出示朋友圈。

第二，设计奖品。 激励措施非常关键，奖品一定要有诱惑力，同时要做出奖励预算。控制预算的方式有控制截此时间或设置奖励名额。

第三，设计图文。 准备好宣传文案、图片（带二维码），图片最好请专业人员设计，不能模糊不清。图文设计完成后展示给第一批种子用户，让他们积极参与、积极转发。

第四，兑现奖励。 对于完成集赞任务的用户要及时兑现奖励。兑现之后，新的好友会更有动力地转发文案，这样就会形成滚雪球效应，集赞引流的效果会循环起来。

集赞引流	
费用指数	★★★
操作难度	★★
效果指数	★★★★★
适用店铺	所有实体店

第93招 投票引流

投票是基于微信平台的网络投票活动。微信投票活动之所以层出不穷，是因为参与者都能得利，都可达到自己的目的。

首先，参赛粉丝可以得到奖品，满足好奇心；同时，拉票的过程也是展示自己某方面闪光点的炫耀过程，虚荣心能够得到极大满足。

其次，平台可以获得更多流量，促进活跃度。

最后，商家也乐于举办投票活动，能够低成本地将粉丝引流至公众号、店铺。投票带来的是一种三赢的局面，大家都乐于参与。

案例 93-1

微信公众平台刚开放时，北漂的小刘辞职回到家乡——一座三线城市，做了一个名为"……本地通"的公众号，每天发布一些当地的新闻八卦，吸引了不少粉丝关注。

当粉丝突破 1000 人时，涨粉就变得缓慢起来，为了快速涨粉，他想出一个妙招——投票引流。

小刘首先发起了一个当地萌娃投票，当时微信公众号投票还比较新鲜，参与的用户非常多。经过公众号的预热，该投票活动吸引了数百人参加，后面的拉票阶段，参与者竭尽所能地拉人捧场。活动结束后，小刘的微信公众号增加了近 3 万粉丝。

尝到了甜头的小刘，后来又陆续做了本地最美教师、最美幼师、最美店主等投票，为了分担成本，他还拉了一些商家赞助。

不到一年的时间，小刘的公众号沉淀下来已拥有近 70 万粉丝，成为当地排名前列的公众号，当年仅广告收入和商家佣金收入就将近 80 万元。

上述投票引流的操作思路值得实体商家借鉴，发起投票活动时可以引流至自己的公众号，也可以同本地大号进行合作，以带来更大的影响力和流量。

1. 微信投票的三种运作模式

微信投票运作模式主要有如下三种：

第一，关注公众号或者回复关键词就能进行投票，能够为公众号直接带来流量。但要注意避免被大量粉丝举报而封号。另外，这种方式吸引的流量跳出率非常高，投票活动结束后参与者会迅速取消关注。

第二，无须关注即可投票。商家或主办方要做好活动页面、标题、奖品等内容，通过底部的二维码或链接来吸引用户关注，吸引来的流量可能不如第一

种方式高，但多是精准流量，黏性高。

第三．推文内附上活动二维码，入口要显而易见，适合拥有大量粉丝的成熟公众号，可引起转发和裂变。

2. 投票活动的奖品设置

虽说很多用户参与投票并不主要是为了奖品，但奖品却是必不可少的活动噱头，是吸引用户参与的关键点，也是组织者诚意的表现。只有提供有足够吸引力和诚意的奖品，才能吸引更多人参加。

可用作奖品的除了店家自身经营的产品、服务外，能够吸引大家参与的其他奖品还有：

（1）时下新品，如一些新上市的电子产品，如智能音箱、智能平衡车、无人机等，容易吸引用户关注；

（2）小家电，如热水壶、榨汁机、蓝牙音箱、微波炉等，为家庭必备，容易激发用户参与热情；

（3）创意、奇特产品，如创意减压玩具、创意灯饰等，既经济实惠，又能满足用户猎奇心理；

（4）服务类产品，如游泳健身、瑜伽瘦身免费体验名额等。

3. 进行适当干预，维持活动热度

作为投票组织方，不能将活动发布推广出去就完事，还要积极参与其中，维持活动的活跃度。例如，活动刚开始不久，就有几名用户的得票数遥遥领先于其他参与者，当差距过大，后来者感觉追赶无望时往往会自暴自弃，放弃努力，放弃拉票。这种局面显然不是商家举办活动的初衷。

此刻就有必要采取一定的干预手段，设法将后面用户的票数拉上来，可以刺激他们继续拉票，竞争奖品，同时也能给领先的用户制造压力，这样才能确保投票活动的持续热度，引流效果才会更佳。

注意，这样做并不是刷票，目的仅仅是拉高投票活动热度。

投票引流	
费用指数	★★★★
操作难度	★★★
效果指数	★★★★★
适用店铺	所有实体店

第 94 招　朋友圈转发引流

朋友圈转发多指老客户转发。当他们消费了商家的产品、服务后，将消费过程的相关信息以短视频、图片或文字的形式发到自己的朋友圈，为商家引流。

顾客之所以愿意转发，一般有三个出发点。

第一，优越感得到了满足。例如，顾客前往某家高级餐厅、装潢高端的健身中心、商场、星级酒店等场所消费后，为了彰显自己的品位、高大上形象，满足优越感，通常会将消费场所的相关信息发到朋友圈，用来炫耀自己独特的体验和品味。

第二，自己的某种需求得到了满足。当顾客在某个线下商家消费后，满足了个人的需求，甚至超出其期望值时，顾客通常会带着满足而兴奋的心理去发朋友圈。例如：

用餐后，味蕾得到了满足，解了馋；

去健身后，身材有了积极变化；

去减肥后，体重明显降低；

去娱乐场所后，确实开心了。

第三，因某种利益而被动转发。在商家的诱导下，顾客会为了得到某项奖品而进行转发，如集赞、投票都属于此类转发。

顾客之所以愿意转发，一定是商家满足了他们的某种需求，提供了某种价值点。

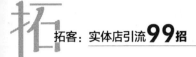
1. 提供超预期消费体验

如果商家提供的产品、服务不能达到顾客的期望值，他们就会感觉到失望、痛苦；相反，如果商家提供的产品、服务超出用户期望值，就会让他们兴奋、尖叫，给他们带去超预期体验，使其欲罢不能，以致流连忘返。

当顾客得到超预期消费体验时，往往会在朋友圈有感而发，此类内容说服力最强，引流效果最好。

因此，商家要注重研究顾客需求、顾客心理，为其提供一流的消费体验，顾客才能有参与感，愿意主动为商家宣传推广，这种参与感也是顾客追求自我价值的重要一环。

2. 满足顾客猎奇、爱美心理

爱美之心，人皆有之。商家要反思一下，自己的门店能否从装潢、格调、气质、文案、精美的产品、优质的服务、仪式感等方面去满足顾客的爱美之心、猎奇之心，能否帮他们凑够 9 张图组成朋友圈的九宫格。

如果有这种资本，那么被顾客转发的概率将大大增加。

案例 94-1

以色列特拉维夫有一家名为 Catit 的高级餐厅，素以创意的菜品和精美的摆盘闻名。智能手机普及后，食客在餐厅用餐前都会先拿手机拍照，分享给朋友。

餐厅发现，很多食客拍的照片并不尽如人意，因为他们无法将菜品的精髓和最美的一面拍出来。

为了解决拍摄效果的问题，该餐厅特意研发了两款新的菜品，设计出了最佳的摆盘效果；它还充分考虑了餐厅的风格、灯光，以及顾客的拍摄角度等问题，可以让顾客轻松拍出精美的仿若艺术品一般的照片。

于是顾客更愿意通过朋友圈发布这些照片，更多的食客被精美的菜品图片吸引而来。

据评估，该餐厅此举收获了相当于传统意义上价值 40 万美元的宣传效果，餐厅收入增长了 10% 以上。

3. 注重细节，经营口碑

让顾客主动发朋友圈，是商家做好口碑营销的一个重要方法。

商家要想营造好口碑，就要在日常经营的方方面面做到尽善尽美，尤其要注重细节的完善，要"于细微处见真章"。只有真正掌握消费者的心理，懂得借势营销，才能让自己的门店"霸占"顾客的朋友圈。

4. 满足顾客优越感

商家可以赋予老顾客这样一种权限——"报我的名字可以打折"，这种福利可以极大地满足顾客的虚荣心和优越感，并乐于与身边的人分享，从而实现客流量的裂变。而对店家来说，只要留下老顾客的电话、姓名等信息，进行这种促销并不难，当然前提是要付出一定的折扣成本。

此外，商家还可以充分发挥想象力，通过一些创新、创意举措让顾客主动发朋友圈。

朋友圈转发引流	
费用指数	★
操作难度	★
效果指数	★★★★★
适用店铺	有格调、高性价比的、带给顾客超预期体验的实体店

第 95 招　会员引流

当下，不仅是线上商家，很多互联网公司也在疯狂拓展会员。之所以实行会员制，其实就是为了锁定客户，尽可能地留住客户，提高顾客的回头率。

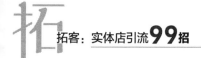

　　雷军曾去美国"好市多"超市体验购物，他是这样描述排队经历的："有一次我去美国出差，刚下飞机张宏江博士就租了辆车直奔'好市多'超市。他从超市回来对其赞不绝口，于是除了我所有 9 个高管都去了。结果晚上回来大家都说东西太好了，我就问怎么个好。其实就一件事——便宜。所有的东西都比国内便宜，价格只有国内的十分之一，一堆在北京得花费 9000 多元的商品，而在'好市多'超市只要 900 元。"

　　让雷军推崇的"好市多"超市以销售贴近成本的低价产品著称，给顾客带来极致的购物体验。但是，顾客要想去"好市多"超市消费，首先要成为它的付费会员。在北美，其执行会员每年年费为 110 美元，非执行会员的年费则是 55 美元。

　　事实上，商品销售毛利带来的利润只是企业利润的一小部分，只够用于人事等日常开销，"好市多"超市的利润大头来自会员年费。"好市多"超市目前在全球拥有上亿付费会员，其会员黏性非常高，2018 年老会员续费率达到了 88%。

　　由于实体店辐射范围有限，顾客数量有上限，近几年被电商分流了部分客源，加之周边竞争对手的争夺，对实体店来说，其引流的困难越来越大，客流越来越分散。

　　从引流成本来看，保持一个老顾客的营销费用仅是吸引一个新消费者费用的五分之一，于是会员运营被实体店纷纷提上了重要日程，希望成为新的引流突破口。

　　会员制不是新事物，在新的商业环境下，要想将会员营销做出新意，需要注意以下事项。

1. 设定会员门槛

　　为了保证会员的尊贵性，要为会员设定门槛值，避免将所有消费的顾客都当成会员。如果人人都能轻易成为会员，那么会员的尊贵和优越性也就无从谈起了，对顾客的吸引力就会大大降低。

商家应根据当地的消费标准来制定规则，明确顾客需要一次性消费或者累计消费金额达到一定数量后才可成为会员，并告知顾客会员的权利以及会员升级的具体要求。

常规的会员权利一般有两种：一种是通过会员消费来积累积分，可以进行积分兑换；另一种是会员可以比普通的顾客在某些时间内或某些产品上获得更多的优惠，并可以参加店里组织的各类活动，享受某些增值服务等。

例如，尚品宅配的顾客可以通过消费获得对应的积分而成为会员，积分可用于兑换家居类、厨具类等产品，甚至可以和家居商家深度合作，寻找共同利益点，形成一个完美的闭环。

另外，尚品宅配会员也有等级制度，达到相应级别会有适用于该级别的各种奖励。但这个会员仅限 APP 登记才可以加入，而且所有的奖励都只能通过 APP 来查询和换领，进而引导用户使用 APP 和其他功能。

2. 科学设计会员权益

对于会员享有的权益，要从商家和顾客双方角度去科学考量，不可随意为之，以免留下隐患。

例如，某家洗车行在开业之初为了拓客，发展会员，开展了一场大让利活动，承诺会员只需 300 元就可以全年无限次洗车。结果可想而知，商家发展了大量储值委员，日常生意异常火爆，洗车的人每天都排长队，有的顾客三天两头过来洗车，有的甚至一卡多用，洗车行门庭若市。但尴尬的是，店里顾客虽然很多，商家却不赚钱，甚至于顾客越多越赔钱。

3. 做好会员档案管理

建立会员档案是会员管理的第一步，方便进行跟踪服务。在建立会员档案时，要根据顾客的年龄、性别、消费额度、消费偏好、喜欢的服务方式、对促销信息的接受情况、价值观等信息进行有效分类。老顾客和新顾客要进行区分，根据成为会员的时间长短进行电话跟踪，互动交流，拉近商家与会员之间的距离。

会员档案管理要注意安全性，切忌不要将会员资料弄丢。例如，某理发店

用单机版会员系统来管理会员顾客的储值卡，但由于计算机突然中毒，系统重装，导致会员数据全部丢失，完全不知道哪些会员办了卡，卡里还有多少余额，给店铺经营带来了很大麻烦。

4. 定期互动，增强会员黏性

对于会员，要定期互动，做好跟踪，避免出现沉睡会员。这需要定期监测会员的消费数据。例如，以两个月为周期，如果两个月内未消费，就要对会员进行分析。了解该会员以前的消费情况及消费频率，再判断其目前的消费状况是否存在异常，如果不正常，就要进一步分析该会员以前的消费记录，采取一些措施，如发信息或打电话了解原因，以便及时采取应对措施。

另外，对于所有会员，都应设计一套定期的互动策略，做好会员关系维护。

5. 为会员画像

根据会员的消费频率和消费金额、消费等级，可将会员划分为新会员、老会员、休眠会员、粉丝级会员、黑名单会员等清晰的会员分组及画像，可以让商家直观地感受到关于会员的消费特征及消费数据。最关键的是，商家针对不同的客户进行分层级、分级别、分属性的管理，便于今后的精准营销和个性化会员管理。

会员引流	
费用指数	★★
操作难度	★★★
效果指数	★★★★★
适用店铺	所有实体店

第 96 招　会员裂变引流

互联网时代，客流被进一步分流，有很多商家抱怨找不到顾客，没有客流。其实这些商家是没有找对方法，或者说是思路没有得到拓展。

传统引流思维：主张把相同的产品卖给 100 个人。

会员引流思维：主张把同一个产品卖给同一个会员 100 次。

会员裂变思维：主张让会员帮商家找 100 个新会员，再将同一个产品卖给每个新会员 100 次。

会员裂变引流能带来会员的指数级增长，引流效果惊人。

案例 96-1

某三线省会城市的一家服装尾单折扣店并不在繁华的商业街，但登门顾客却络绎不绝，且很多都有目的而来的，极少有人空手而归，让相邻商家羡慕不已。

该店出色的经营业绩，源于店主设计的一套会员裂变引流方案：

会员分为三个等级，分别为 VIP1、VIP2 和 VIP3，越往上等级越高，享受的福利和优惠越多。

第一批 VIP1 会员都是店内的忠实老顾客，为基础的 VIP1 会员，每月会获赠 5 张店内的九折优惠券，当月来店可以享受优惠。如果用不完，优惠券还可以送给别人。老会员累计推荐 5 名朋友到店消费，就可升级为 VIP2 会员。

VIP2 会员每月会得到 2 张 85 折优惠券和 3 张九折优惠券。VIP2 会员如果累计推荐 10 位朋友来店里消费，就能进一步升级为 VIP3，每月享有 2 张八折优惠券和 3 张 85 折优惠券。以上折扣可以同店内的不定期促销活动叠加使用。

VIP3 会员持有的优惠券只可自己消费，不能再送人。

新介绍的顾客消费两次后可以成为 VIP1 会员，以后按以上会员晋级制度循环。

如此一来，商家就有效锁住了老客流，不断裂变新客流。如此循环往复，客流量越来越多，生意越来越红火。

裂变引流要把握好三个关键点。

第一，种子用户积累。种子用户即第一批用户，多是粉丝级忠实用户，他

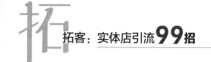

们经常来店里捧场消费，对门店举行的各种活动也能够积极参与。

种子用户的积累既要看数量，更要看质量，不可滥竽充数，否则会直接影响下一步的裂变效果。

第二，裂变方案设计。 用来裂变引流的方案对种子用户要有足够的吸引力，否则他们不会卖力帮助商家推广、引流，裂变也就无从谈起。

第三，做好成本核算。 线下实体店不同于线上销售，在进行裂变引流活动中务必要做好成本核算。例如，线上销售某课件，卖给1人同卖给100人其成本基本上是一样的，区别只在于精力和运营上的投入。

而线下实体店的销售情况则不同，每卖出一份产品、服务，都要付出相应的成本，如果成本核算不准确，很可能会导致这样的局面：引来的顾客越多，亏损的越多，最后不仅白忙一场，而且还赔钱，甚至把店铺拖垮。

所以，对于会员裂变引流方案，方方面面的细节和成本构成都要考虑到，只有算无遗算，才能让顾客心甘情愿参与的同时，又能给店铺带来业绩和利润的提升，带来双赢的效果。

会员裂变引流	
费用指数	★★★
操作难度	★★
效果指数	★★★★★
适用店铺	高频次、快消类实体店

第 97 招　积分引流

积分也是一种历史悠久的营销方式，最早的积分制源于1793年，美国某杂货铺老板为了回馈顾客，设计了一种让利方式：进店购买货物的顾客，可以根据消费金额获得数量不等的铜板，铜板累积到一定数量就可以兑换相应礼品。

如今的积分制更加普遍，也更为成熟，已经从单纯的顾客回馈方式演变成了引流、留存、促活的综合营销方式。

对于商家，一个完整、独立的积分系统本身就具有某种吸引、导流顾客的效力，同时还可以用来激励、回馈顾客的消费行为和活动行为。激发与引导顾客的活跃度，让顾客对品牌产生依赖性与习惯性，培养顾客的消费忠诚度，从而再对其进行二次、三次转化，获取更多的利润。

案例 97-1 ●

2017 年，喜茶推出过售价 59、99、179 元的首批会员卡，前期被哄抢，后来因喜茶出台"开卡 12 个月后积分自动扣除"政策而遭冷遇，且其积分同消费金额的兑换比例为 1：1。按照这一比例，顾客要达到黑金级别会员（5000 积分），就需要在一年内消费满 5000 元，相当于 200 杯奶茶，门槛较高，因此效果并不好。

于是，喜茶又推出了一个改良版的会员积分计划：2019 年 1 ~ 2 月，顾客只需用 9.9 元就可以购买一张星球会员体验卡（为期 15 天），同时可获得两张买赠券和一张九折券。体验期内，会员可累计两倍积分，会员梯次及权益见表 97-1。

表 97-1 喜茶新会员等级（积分）权益条件对比

等级	产生条件	特权	权益
白银	0~501 积分	会员日消费送 5% 积分，积分和经验值兑换率翻倍	生日赠饮券，会员开通纪念日赠饮券，每月制定饮品立减券，满 150 元减 5 元 ×2
黄金	501~2001 积分	会员日消费送 10% 积分，积分和经验值兑换率翻倍	生日赠饮券，会员开通纪念日赠饮券，限定饮品 9 折券 ×2，会员赠饮券，优先券，满 150 元减 5 元 ×2
铂金	2001~4001 积分	会员日消费送 15% 积分，积分和经验值兑换率翻倍，外卖配送运费 7 折	生日赠饮券，会员开通纪念日赠饮券，限定饮品 9 折券 ×3，会员赠饮券，优先券，满 150 元减 5 元 ×2
钻石	4001~7001 积分	会员日消费送 20% 积分，积分和经验值兑换率翻倍，外卖配送运费 5 折	满 20 单送赠饮券，生日赠饮券，会员开通纪念日赠饮券，限定饮品 9 折券 ×3，会员赠饮券，买二赠一券 ×2，满 150 元减 5 元 ×3

续表

等级	产生条件	特　权	权　益
黑金	7001~11001 积分	会员日消费送 25% 积分，积分和经验值兑换率翻倍，外卖配送运费 3 折	满 10 单送赠饮券，生日赠饮券，会员开通纪念日赠饮券，限定饮品 9 折券 ×5，会员赠饮券，买二赠一券 ×2，满 150 元减 25 元 ×3，优先券 ×2
黑钻	大于 11001 积分	会员日消费送 30% 积分，积分和经验值兑换率翻倍，外卖配送运费 0 元，会员优先报名权，商城指定商品兑换	满 5 单送赠饮券，生日赠饮券，会员开通纪念日赠饮券 ×2，限定饮品 9 折券 ×6，会员赠饮券，买一赠一券 ×2，满 150 元减 30 元 ×3，优先券 ×3

　　据喜茶提供的数据，喜茶"星球计划"上线仅 10 天，就新增了 16 万星球会员，复购率提升 20%。

　　积分制通过彰显消费者在门店的消费级别及消费权益来吸引顾客加入积分会员，给予消费者更加深入与精细化的服务。同时，积分制也是一种很好的顾客营销服务方式，用来刺激消费者的回购率。

　　积分营销常见的操作方式如下。

1. 积分分级优惠模式

　　设定积分的梯次，积分越高享受的权益越多、优惠越多。

2. 会员日活动

　　指定门店的会员日，在会员日可举办积分换购、抵扣消费金额活动，保持顾客的消费忠诚度和消费黏性。

　　会员日建议以周为单位，每周一次，如肯德基的周二会员日，可以直接用积分抵现使用。

3. 会员精准营销

会员积分直接反映了会员顾客的消费数据、消费能力和消费频率，可根据这些数据对会员进行定级及消费能力判定，同时精准推送针对性的商品、服务信息给不同的消费者，提升会员的回购率，提升门店销售额。

积分引流	
费用指数	★★
操作难度	★★
效果指数	★★★★★
适用店铺	高频类、快消类实体店

第 98 招　社区团购引流

社区团购是基于社区邻里之间互信而做的一种新型团购商业模式，它主要依靠微信群进行推广裂变，旨在为用户提供高性价比、低价格的优质产品。

社区团购在接近消费者的"最后一公里"竞争中具有明显优势，可直接将商家的产品销售给终端消费者，免去中间环节。

社区团购通常有三方参与者。

第一，团购平台， 即开发社区团购平台的企业，如腾讯推出的每日优鲜、美团推出的松鼠拼拼、京东推出的友家铺子、阿里巴巴推出的盒社群。此外，苏宁易购和其他各类区域性零售企业也都在组建自己的团购平台。

通过社区拼团，团购平台可以直接将触角伸向全国范围内的终端消费者，借助团长和微信群的力量同社区用户建立紧密链接，能够有效提高传播率和转化率。

同时，社区团购采取的是"以销定采"的预售模式，不存在囤货风险，能极大降低库存、物流成本。

第二，社区消费者。 社区消费者愿意参与团购，根本原因是能够获得物美价廉的商品。

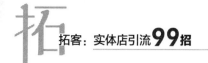

　　第三，个体实体店（团长）。 社区团购的铺开，除了依赖自己的线下门店外，还需要借助外部团长的力量，而团长多是其他独立的线下实体店名。

　　实体店之所以愿意加入社区团购系统：一是能够开源，增加收入；二是能够引流，实现线上、社区用户向店内的引流、转化。

　　尤其是对于社区实体店而言，日渐盛行的社区团购模式让消费者已经绕过了实体店，本就不多的客流又被分流，会大大加剧实体店的经营困境。因此，主动出击，加入社区团购的阵营，有助于实体店更好地解决客流荒的问题。

　　当然，有实力的线下店铺也可以打造自己的专属社区团购系统。

案例 98-1

　　浙江安吉和家便利店成立于 2018 年，当年 10 月上线全渠道超级零售系统，开展社区团购业务。仅仅一年不到的时间，其就在安吉城区开设了 3 家实体门店，建立了 100 多个微信社群，200 余个线下自提点，仅社区团购会员就有 3 万多人，日均营业收入近 5 万元。

　　和家便利店社区团购的操作模式如下：

　　第一，团长每日在各自微信群发送当日团购的小程序链接；

　　第二，社区会员在群内下单；

　　第三，为了能确保商品的次日送达，每日团购活动结束后，消费者订购的各类商品都会连夜分发分拣到各个自提点，抵达距离消费者的"最后一公里"。

　　和家便利店借助社交团购，获客成本相对较低，而且由于已经形成了会员顾客信任，转化率也在逐渐提高，销售额每月都有增长。

　　实体店参与社区团购，需要做好风险控制。

1. 把好产品关

　　实体店在社区顾客中往往有一定的信任基础，因此务必要把控好产品品质，千万不要将性价比不高的劣质产品推荐给消费者。最好进行亲身体验，确保产品没有问题之后再分享给消费者；否则，会带来大量的退货、掉粉、客源流失和负面口碑。

2. 做好定位

结合本社区顾客的具体需求，做好产品定位，不要什么产品都做，要在满足顾客需求的基础上做出自己的特色。

3. 要有拳头产品

拳头产品，即爆款产品，它们是吸引消费者的最大砝码，能确保商家在激烈的、低门槛的团购竞争中胜出，并保持消费者的忠诚度和消费黏性。

4. 打造社群活跃时段

根据社群用户的作息特征，每天选择一个时间段用来活跃社群气氛。例如，在推送团购品的同时，通过发红包的方式提高用户的参与度，如晚上 8:00～9:00 通常是社区微信群的成交高峰时段。

5. 做好售后

因为都是附近客流，所以售后一定要做好，该退就退、该换就换，而且态度还要热情。

社区团购引流	
费用指数	★
操作难度	★★★
效果指数	★★★★★
适用店铺	各类社区实体店

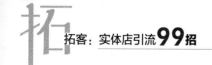

第 99 招　拼团引流

拼团模式是通过分享进行"老带新"的裂变引流手段，既能引流拉新，也能促进销售。只要成团，那么传播即告结束。

拼团活动可以线下举行，针对线下到店顾客或会员顾客；也可线上借助微信小程序举行，裂变效果更好。拼团模式同社区团购模式的区别在于：社区团购中，除非是自己打造的团购系统，则实体店多处于非主导地位，只是团购活动的一个环节、一个参与方，自主性有所欠缺；拼团促销则由实体商家自身来主导，可以掌控活动的频率和进度，更为自主灵活。

实体店拼团活动主要有两个操作方向。

1. 薄利多销，促进销售

拼团价通常较低，以薄利多销的方式吸引顾客，但并非没有利润，商家可以通过扩大销售量、批量采购的形式来降低成本。如果拼团量可观，还是能够收获不错的利润的。

同时，拼团也能带动进店客流，促进关联消费。

案例 99-1

重庆一家火锅店做过美团平台上的团购，但由于美团抽点太多，尽管通过该平台吸引了一些客流，但总体利润并不高。

后来，该店通过微信小程序自己做起了线上拼团，原本在美团上团购价 158 元的双人套餐，降价 10 元后以 148 元的价格在微信小程序进行拼团销售，让利于顾客，且门槛较低，两组顾客即可成团。结果，其拼团量是美团上成交量的两倍还多，而平台扣点却低得多，综合算下来利润更高。

2. 零利开团，引爆客流

门店让出足够的利益，设计引流品作为诱饵，零利润甚至亏本开团销售，让老顾客带动新顾客进店购买拼团产品，同时让引流品带动店内其他产品的销售，目的是获得更多的精准客流。

案例 99-2

　　成都某新开水果超市开业后在微信小程序端口发起了一场拼团促销，团购商品是 250 克新鲜草莓，团购价 1 元，规则是 5 人成团。该店由于是新店，没有老顾客，因此线上顾客如果想以超低价购得草莓，就要再拉 4 名新顾客一起成团。

　　店家鼓励团购顾客到店领取，不愿意到门店的顾客，还可以另外购买 39 元的水果。店家提供免费送货服务。

　　开业前几天，线上拼团活动每天都吸引上千人参加，每日都有数百人到店领取草莓，其中不少顾客还会顺带消费其他产品。

　　从成本上看，250 克草莓大量采购的成本价大概为 4 元，相当于每个到店顾客的获客成本为 3 元。有效的流量都是需要成本的，客观来说，这一获客成本称得上极低了。

　　结果，在没有做其他任何线下付费推广的情况下，开业前三日，这家水果超市就做到了 35 万元的营业额，实现了开门红。

门店拼团的方法有很多，从活动运营效果的角度看，一次完整的拼团活动要考虑以下几个要素。

1. 选择商品

建议选择本店经营的优势产品、特色产品。

2. 拼团人数

拼团人数不宜过多，通常成团人数不宜超过五人。只有降低拼团要求，参与人数才会更多。

3. 拼团价格

根据拼团的目的来设计价格，但无论何种目的，都要提供诚意足、诱惑力强的价格。

4. 拼团时限

限制成团时间：一是可以提高推广效率，二是能给顾客制造紧迫感。

5. 拼团状态

拼团状态通常有这样几类：可开团、开团中、已成团、开团超时失败。

6. 发起人和参与人

点击"我要开团"按钮的人称为发起人，分享给好友让他人加入拼团；看到邀请拼团页面，加入拼团的人称为参与人，参与人还可再邀请其他人进团参加活动。

拼团引流	
费用指数	★★★
操作难度	★★★
效果指数	★★★★★
适用店铺	高频类、快消类实体店

附录　实体店分类表

序号	类　　别	业　　态	覆盖人群
1	餐饮类实体店	餐厅、小吃、烘焙、咖啡、酒吧、奶茶	周边人群
2	服装类实体店	品牌店、折扣店、尾货店、内衣店、童装店、箱包店	周边人群
3	休闲娱乐类实体店	KTV、酒吧、棋牌室、游戏厅、网吧、运动场馆、酒店	年轻人
4	生活服务、快消类实体店	超市、杂货店、中介、水果店、酒水店、药店、宠物店、洗衣店	周边人群
5	母婴类实体店	月子中心、母婴店、产后护理、家政、儿童摄影、儿童教育	宝妈
6	医疗类实体机构	专科医院、养生理疗、牙科	患者
7	汽车类实体店	4S店、修车店、汽车用品店、汽车护理店、加油站	车主
8	低频类实体店	婚纱摄影店、租车店、鲜花店、古玩珠宝店、旅游店、眼镜店、家居建材店	特定客流